Über das Buch:

Von den Kleinkunstbühnen Saarbrückens über Ralf Königs „Der bewegte Mann" bis hin zum Stand-up-Comedian im „Quatsch Comedy Club": Monty Arnold hat im Zuge seiner kabarettistischen Umtriebe schon schier Unmögliches auf die Beine und Bretter gestellt. Dank Monty Arnold kam Gert Fröbe posthum zu galaktischem Kapitänspatent im Raumschiff Enterprise, Orpheus in die deutsche Einbauküche und das Publikum zu einer Reanimation der verstummten „Väter der Klamotte". Natürlich gibt er sich nun zwischen zwei Buchdeckeln nicht mit einem gewöhnlichen „best of" zufrieden. Statt dessen erwartet uns ein irrwitziger Streifzug durch parodistische Sketche, Comics, Dramen und Einakter. Das Multitalent zerpflückt die „Tulpen aus Amsterdam" und zerfleddert die vielbesungene Taube, das Wappentier der Friedensbewegung. Unerhört! Ebenso wie seine Bekenntnisse: Als Reaktion auf die Geschmacklosigkeit der 70er griff er zum Röhrchen: „Mit fünf war ich bereits Frubienzymabhängig." Oder war es schon damals die Sucht nach Fröbenzym und Fernseher? Noch heute begleiten ihn Derrick, Columbo, Miss Marple und Louis de Funès. Und Spaß macht es ihm auch noch.

Der Autor:

Monty Arnold, 1967 am Niederrhein geboren, absolvierte nach der Mittleren Reife zunächst eine verdammt ordentliche Ausbildung zum Druckformhersteller. Als es ihm der bürgerlichen Vernunft zuviel wurde, verdingte er sich als Cartoonist und Coverdesigner, bevor er erste Kabarettprogramme verwirklichte. Seit mittlerweile 14 Jahren wirkt Monty Arnold als kabarettistischer Grenzgänger, Stimmenimitator und singender Satiriker und ist Stammgast im „Quatsch Comedy Club" auf Pro Sieben.

Für Bernard Herrmann und alle,
die wissen, daß er der Größte ist.

Monty Arnold

The Art of Monty Arnold

fun Factory

The Art Of Monty Arnold

„Es gehört nicht viel dazu, einen Haufen Geld zu machen, wenn man keinen anderen Wunsch im Leben hat, als den, einen Haufen Geld zu machen!"

Orson Welles

„Wahre Comedy-Talente findet man nicht auf der Bühne sondern auf Parties."

Hugo Egon Balder

„Daß der Fuchs allgemein als klug angesehen wird, liegt vor allem an der Dummheit der Hühner."

Volksmund

„Wer sich allein langweilt, ist auch zu zweit nicht sehr unterhaltend."

Ben Kingsley

„Wer über nacht berühmt wird, hat am Tag hart gearbeitet."

Wilfried Baasner

„Das einzige, was in meinem Leben wirklich funktionierte, war die Kunst – oder sagen wir „die Kleinkunst" wie es ganz wertfrei hieß.

Natürlich bekenne ich mich mit diesen Worten schuldig im Sinne zahlreicher übelriechender Klischees. Ich stehe auf der Bühne, weil es zu allem anderen nicht gereicht hat. Richtig.

Ich erhasche mir dort oben eine Liebe, die mir sonst nicht zuteil geworden ist. Stimmt.

Ich komme mit dem Leben nicht zurecht, also erzähle ich Witze. Sie ham ja recht.

Aber wie sang doch Tony Martin so richtig in der „Tenement Symphony": „...and from this confusion, I dreamed up a grand illusion!"

Monty Arnold

Inhalt

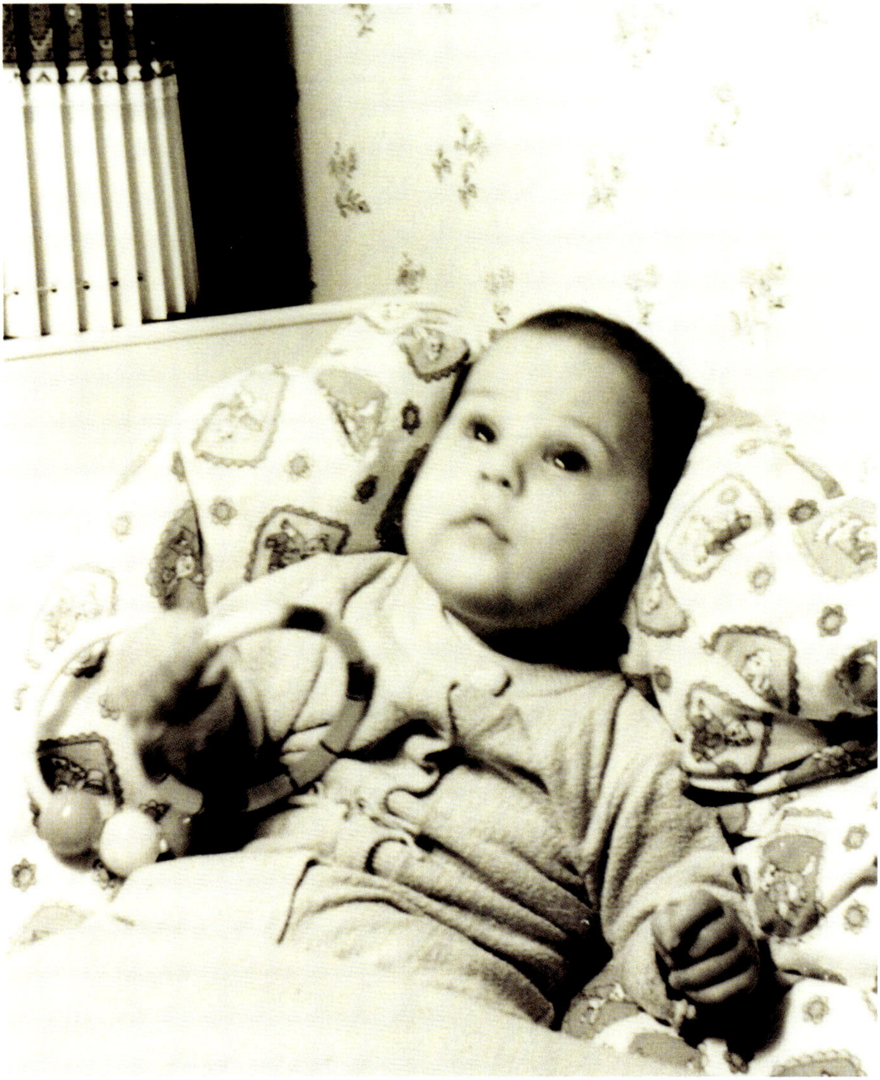

Monty Arnold im Todesjahr von Konrad Adenauer.

Origins and Lemons

Ich entstamme einer süddeutschen Polizisten- und Kirchenmusikerfamilie.

Ich bin wirklich heilfroh, diesen ganzen Mist hinter mir zu haben. Kaum war ich geboren, kriegte ich erstmal eine Abreibung, wissend, das würde nicht die letzte sein, danach verschwand ich für sechs Jahre mit Keuchhusten im Bett eines geschmacklosen 70er Jahre-Kinderzimmers, mit fünf war ich bereits Frubienzymabhängig, und im Anschluß daran wurden in der Schule die sogenannten Gleichaltrigen auf mich losgelassen.

Ich verbrachte diese Jahre, wie sich das gehört, im Gestank von Umkleidekabinen mit Bemerkungen über Mädchen, die – keiner weiß, warum – da unten bluten sollen und mit dem nächtlichen Drang nach abseitigen Onanietechniken. Meine Mitschüler haßten mich vom ersten Tage an. Mit religiöser Inbrunst wurde ich in den Pausen verprügelt und im Sportunterricht gequält, denn ich gab besonders klägliche Laute von mir, wenn man mich schlug.

Sowie ich in eine neue Klasse eintrat, wurden die amtierenden Außenseiter sang- und klanglos zu meinen Gunsten entlassen, und selbstverständlich füllte ich diese Position allein viel ergötzlicher aus als alle meine Vorgänger zusammen.

Durch den Nachhauseweg gelangte ich dann jeden Tag vom Regen in die Traufe.

Mein Vater konnte mit mir auch nichts anfangen, aber das meinte er nicht persönlich. Er konnte mit Menschen allgemein nichts anfangen. Also hielt er sich Tiere. Unzählige Viecher bevölkerten unser Anwesen: Puten, Ziegen, Kaninchen, Hühner, aber auch allerhand Un-Nutzvieh wie Katzen und Hunde. Trotzdem begegne ich derartigen Kreaturen bis heute mit einer gewissen keuschen Hilflosigkeit, beispielsweise, wenn mir unaufgefordert ein fusselnder Kater auf den Schoß springt.

Mein Vater jedenfalls liebte Tiere, denn die verlangten nicht von ihm, daß er mit ihnen Konversation machte. Als meine Mutter ihn einmal in sorgenvoller Pose darauf hinwies, bei meiner Schwester sei eine bedrohliche Katzenallergie festgestellt worden, zerbrach er sich tagelang den Kopf darüber, wo man das Mädchen denn nun hinschaffen könnte.

Seine allergrößte Liebe galt den Kaninchen, und wenn er am Kopfende unserer Tafel saß, dem grausamsten Schauplatz familiärer Verbrechen, dann sah er genauso aus wie ein riesiges, kauendes Angora-Kaninchen, und er hörte sich auch genauso an.

Sonst gibt es zu Papi leider nicht viel zu sagen. Meiner Schwester machte er gelegentlich das Kompliment, sie sähe aus wie Berti Vogts, den er sehr verehrte, und mich nahm er auch schonmal mit zum Flohmarkt – natürlich ohne mich dort jemals loszuwerden.

Mit anderen Worten, alles blieb an meiner Mutter hängen, und manchmal war sie schon ein wenig überfordert mit der Aufgabe, uns alle zu CDU-wählenden Roy-Black-Fans zu erziehen, aber sie tat ihr bestes.

Wenn es irgend etwas gab, woran ich nie einen Mangel, hatte, dann war es: Verwandtschaft, jene besonders lieben Freunde, die man sich nicht aussuchen kann. Sie glauben ja gar nicht, wie viele Pferde mir schon vor die Apotheke gekotzt haben, aber so gemein wie diese bucklige Mischpoke kann wirklich kein Fremder sein. Mein Vater hatte etwa so viele Geschwister wie meine Mutter Mitglieder in ihrem Kirchenchor, und das waren eine Menge. Alle naselang kam der ganze Pulk bei meiner Großmutter zusammen, um ihr zu huldigen, und meine Geschwister und ich mußten zwischen ihnen herumschwirren und traurig darüber sein, daß sie nur bis nächste Woche bleiben wollten. Erst um die Zeit meiner Firmung nahm mich meine Mutter einmal beiseite und sprach: „Es ist an der Zeit, daß du die Wahrheit über Tante Zilli, Tante Edeltrud, Tante Greta, Tante Zelma und Tante Roswitha erfährst. Sie leben in Marpingen und Püttlingen und sind überhaupt nicht mit uns verwandt!"

An diesem Tag erkannte ich, daß die Welt schlecht ist.

(aus „Orpheus in der Einbauküche", 1991)

Seinen ersten Schultag – im September 1973 – soll Monty Arnold nicht mehr am Niederrhein, sondern bereits in seiner neuen Heimat erleben, einem Dorf im Mittelsaarland, in das die junge Familie mit ihm übersiedelte, „weil die Luft da einfach besser ist". Unterdessen ist auch die Geschwisterschaft komplett: außer dem jungen Künstler sind dies ein älterer Bruder – geboren im hessischen Fulda – und zwei jüngere Zwillingsschwestern.

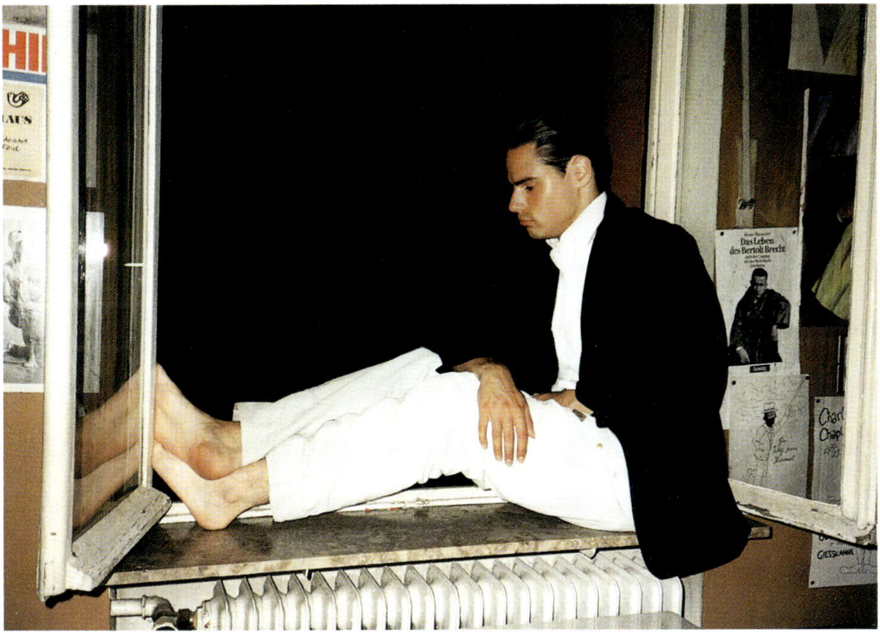

Sommer '87 – Pausenlos Liebeskummer, aber die Plattensammlung entwickelt sich prächtig.

Sein Bruder wird eines Tages dazu abgestellt, mit dem kleinen Monty fernzusehen, zu spielen oder sonstwas. Er entscheidet sich für „Fernsehen".

Im Vorabendprgramm des ZDF wird ein Slapstickfilm gezeigt, der im Alleingang von einem einzigen Mann synchronisiert wird. Der große Bruder weist seinen Schützling sogar auf den Namen dieses tollen Burschen hin: Hüsch. Bald darauf verehrt er ihm seine alte Comic-Sammlung: die ersten deutschen Marvel-Comics, die zu den bestübersetzten Geschichten des ganzen Mediums gerechnet werden dürfen (nun – die Geschichten und die Zeichnungen sind auch sehr hübsch). Ausgestattet mit diesen Anregungen verschafft sich Monty Prägungen, die seine Traumwelten und sein späteres Berufsleben entscheidend bestimmen werden.

Zunächst aber ist Ärger angesagt.

In der Schule gibt es Probleme.

Zwar machen dem „extrem vergeistigten" und „bisweilen somnambulen Kind" (Meinung eines Arztes) die stofflichen Anforderungen wenig aus, zumindest der gute Wille ist nicht zu übersehen, aber mit den Mitschülern will es nicht funktionieren.

Das Hauptproblem war: Ich beherrschte den Dialekt ihres Dorfes nicht. In der Tat ist kein Mensch außerhalb des Saarlandes überhaupt fähig, die Mundarten dieser Region auch nur zu verstehen, geschweige denn korrekt auszusprechen. Aber mit solchen Argumenten biß ich bei den Gleichaltrigen auf Granit.

Auch sonst tat ich alles, um ihrem Bild von einem Außenseiter gerecht zu werden. Ich war eine Niete im Sportunterricht, ich war ein begnadeter Zeichner und: Ich verstand mich als einziger Junge der ganzen Klasse blendend mit den Mädchen.

Das ist eine besondere Eigenschaft aller homosexuellen Schulkinder.

Als die Zeit kam, da ich mich für die Jungs zu interessieren begann, begannen die anderen Jungs sich auch für die Mädchen zu interessieren. Nur die Mädchen blieben immer bei ihrer Einstellung: sie fanden alle Jungs in der Schule doof – zumindest sagten sie das.

Es mag sich kitschig anhören, aber im Schoße der ersten Grundschulklasse ereignete sich sozusagen die Geburtsstunde des Komikers Monty Arnold.

Unsere Klassenlehrerin hatte am Vortag „Das Märchen von den drei kleinen Schweinchen" vorgelesen. Als sie nun eine Stunde für Arbeiten im Klassenbuch opfern möchte und die Schüler ermuntert, sich doch für diese Zeit selbst zu beschäftigen („Malt doch was Schönes!"), macht ein

Mädchen den Vorschlag, man könnte doch das Märchen von gestern noch mal hören. Aber das geht ja nicht, denn die übliche Vorleserin ist ja verhindert.

Da ich die Geschichte noch tadellos im Kopf habe, schlage ich vor, sie der Klasse nachzuerzählen. Ich glaube nicht daran, daß es dazu kommen wird. Gerade als ich anfange, mich dafür zu schämen, mich nur wichtig gemacht zu haben, sitze ich auch schon vorne und erzähle die erschütternde Geschichte von den Ferkelchen, die versuchen, sich eine gesunde Existenz aufzubauen.

Alle sind zufrieden: die Lehrerin arbeitet, ich habe zum ersten Mal das Gefühl, nicht der kranke kleine Wurm zu sein, und die Klasse entpuppt sich als das hingebungsvollste Publikum, das man sich wünschen kann.

In der nächsten großen Pause sind die üblichen gesellschaftlichen Strukturen wieder hergestellt.

Lediglich auf den Schulwegen – hier reicht die Zeit für in sich abgeschlossene Geschichten – kann ich mir nun das Gröbste mit meinen Ergüssen vom Halse halten. Frontbühne sozusagen.

Die Jugend ist eine grausame Zeit. So viele große Männer haben rückblickend sagen können, daß sie von ihrer entbehrungsreichen Kindheit profitiert haben, daß sie für sie der bestimmende Faktor einer großen Inspiration gewesen ist: Chaplin, Tschaikowski, Sean Connery... Ich geb's ehrlich zu. Mich hat dieser Krampf nicht im geringsten inspiriert. Ich fand es einfach nur fürchterlich.

Die Position des Geächteten wird in Western und Kriminalfilmen gerne romantisiert, das Leben als Misfit findet so ziemlich jeder anheimelnd, der es nicht erleben mußte.

Vielleicht ist die Entehrung im Wilden Westen aber auch ansprechender als in einer Welt aus Elternbeiräten und Pfadfindern.

Das Dorf war sehr katholisch, winzig klein, und die Kinder, die den Schulhof bevölkerten, waren die gleichen, die sich auch in der Siedlung aufhielten, in der Montys Vater „gebaut hatte". Also setzte der Junge nach Schulschluß in der Regel keinen Fuß vor die Tür.

Während seine Mutter – die anfänglich mit den gleichen Ressentiments im Dorf zu kämpfen hatte –, durch ihre Tätigkeit als Organistin und Leiterin des Kirchenchores, binnen weniger Jahre zur meistgeschätzten Frau der Gemeinde aufstieg, blieb Monty ein Stubenhocker, ein Kind ohne Freunde, das Unmengen von Marvel-Comics, Kenneth-Robeson-Taschenbüchern und Vorabendserien in sich hineinschaufelte.

Im Herzen schon immer ein Stadtmensch, entdeckt Monty nachträglich die Natur – in einer Grünanlage gegenüber der Saarbrücker Stadtautobahn.

Seine engsten Bezugspersonen waren in der Tat die Moderatoren des deutschen Programms von Radio Luxemburg, dessen eigentümlicher Humor bis heute vom deutschen Privat-Rundfunk kopiert und nie erreicht wird. Anfang der 80er wurde das Konzept ausgewechselt. Von diesem Verlust hat sich Monty bis heute nicht erholt.

Es soll hier aber nicht das Bild eines völlig unglücklichen Kindes entstehen.

Nun ja, glücklich war ich weiß Gott nicht, aber solange ich nicht in die Pubertät kam und mir die Notwendigkeit menschlicher Nähe schlagartig bewußt wurde, kam ich ganz gut zurecht, so allein in meinem Elfenbeinturm. Alles, was ich an sozialer Bildung brauchte, verschafften mir Laurel und Hardy und die Superhelden-WG der „Fantastischen Vier". Viel lesen und viel Fernsehen. Zum Glück gab es damals noch kein Privatfernsehen – ich glaube, dann wäre ein ziemlich böser Mensch aus mir geworden.

Wenn ich es recht bedenke, hatte ich auch keinen Grund, vor die Tür zu gehen, denn da draußen waren inzwischen die 70er Jahre ausgebrochen, eine Zeit, von der heute immer sehr schwärmerisch gesprochen wird. Sie sei so aufgeweckt und sorglos gewesen, diese Ära, irgendwie lustig und auf pfiffige Weise dekadent. Alles Unsinn! Die Menschen sahen aus wie Idioten, und die Klamotten waren auch noch unbequem! Daß dies die letzten Jahre des kondomfreien Herumvögelns sein sollten, konnte damals ja noch niemand wissen (– und ich hätte in meinem Alter eh nicht viel davon gehabt, O.K.), und im übrigen tröstet es rückblickend kaum über das viele pseudopolitische Geschwätz jener Tage hinweg, das gerade in der Schule als steter Begleiter mangelnder Körperpflege auftrat. Wer müffelte, war politisch, wer dies nicht oder nicht ausreichend tat, der war ein angepaßter Konsument. Letztlich war das aber auch wieder egal, solange man sich beim Klassenfeind die Hausaufgaben abschreiben konnte…

Der offizielle Teil meines politischen Bewußtseins erwachte im Jahre 1977, damals war ich zehn. In diesem Jahr kamen zwei Männer ums Leben, von denen ich bis dato noch nie etwas gehört hatte: Elvis und Hanns Martin Schleyer.

Im ersten Fall bedeutete das, daß mein Bruder eines Sommermorgens beim Frühstück ausrief: „Habt ihr schon gehört, Elvis Presley ist gestorben!"

Hatte ich nicht.

Das langsame Sterben des anderen war in den folgenden Monaten ausführlich in den Medien mitzuerleben. Ich sammelte in dieser Zeit sogar die Tageszeitungen mit den entsprechenden Schlagzeilen. Nach seiner Ermordung gab es Schleyer quasi in zweifacher Ausführung: als Helden, der sich für das System geopfert hatte und als prachtvollen, pittoresken Finsterling mit Nazi-Vergangenheit. Seither ist viel über beide Schleyers geschrieben und gesagt worden, gerade zum 20. Geburtstag des „Deutschen Herbstes". Aber das mußte reichen. Über den Schleyer der Jahre 1945–77 erfuhr ich nie ein Wort – und ich glaube, da bin ich in meiner Generation nicht der einzige. Schleyer ist rückblickend so etwas wie das Afrika der deutschen Nachkriegszeit, sein Schwarzer Kontinent.

Solche historischen Lücken, ein derartiges Fehlen vernünftiger Auseinandersetzung mit politischen Hintergründen war symptomatisch für diese Zeit.

Die ozeanische Torheit dieser verlausten Dekade wird für mich jedoch von keinem anderen Begriff so prächtig auf den Punkt gebracht wie von der Abkürzung DDR. Von offiziell aufgeklärten und als vernünftig geltenden Menschen mußte ich mir damals erzählen lassen, das zweite „D" bedeute „demokratische", und wer das nicht glauben wolle, der sei ein „Kalter Krieger". (Und ein „warmer Bruder" war ich ja außerdem – herrje, allein die thermischen Implikationen waren erschütternd!)

Ich vertrat die kindlich-naive Meinung, ein Staat, der seine Bürger vor die Wahl stellt, daheimzubleiben oder sich erschießen zu lassen, könne doch nichts mit Demokratie zu tun haben, aber so einfach war das damals nicht.

Ich unterhielt eine Brieffreundschaft mit zwei DDR-Knaben, die sich eines Tages postalisch mit den Worten bei mir gemeldet hatten: „Wir haben deine Adresse aus einem Spinne-Comic." In den folgenden Monaten tauschten wir die Schreckensmeldungen unserer alltäglichen Jammertäler aus – ich bauschte die meinigen sprachlich etwas auf, die anderen verniedlichten die ihren, und trotzdem konnte ich das Elend kaum fassen. Unser Kontakt wurde von höherer Stelle abgebrochen, als die beiden mich fragten, ob ich ihnen die Namensschriftzüge westlicher Parteien ausschneiden würde, was ich törichterweise auch tat. Den letzten Rest deutsch-deutscher Toleranz ritt im Sommer 1983 die Abschlußfahrt meiner Realschulklasse zuschanden, die uns nach Weimar (einer blankpolierten sozialistischen Vorzeigestadt) und Erfurt (einer grauen Durchschnittskapitale) führen sollte. Als Bonbon wurde uns eine Reiseleiterin zur Seite gestellt, die mich in ihrer selbstauferlegten Kälte irgendwie an meine homosexuelle Turnlehrerin erinnerte.

Politisch wurde bei uns zu Hause nicht viel geredet, aber das nehme ich meinen Eltern nicht übel, denn die waren diesbezüglich sowieso andersrum. Außerdem fehlte dazu auch ein wenig die Zeit.

Meine Mutter, die uns vier geistig-moralisch quasi allein aufzog, hatte neben den Anforderungen des Haushaltes und der Familie schließlich auch noch zahlreiche Aufgaben im Gemeindeleben übernommen, und sie tat all das mit ganzer Kraft. Halbheiten waren ihr ein Graus, und das ist etwas, was sie hundertprozentig an mich weitergegeben hat.

Mein Vater zog sich in seiner Freizeit mehr und mehr in das untere Stockwerk unseres Hauses zurück, um im Garten mit der planerischen Eleganz eines aussterbenden Sauriers eine Unmenge von Geräteschuppen zu errichten und gelegentlich ein historisches Musikmöbel zu zertrümmern.

Da wir gerade bei Unterlassungssünden sind: Das ungemütlichste Fach, gleich nach dem Turnunterricht, war für Monty die Französischstunde, und das, obwohl ihn diese Sprache sehr faszinierte und er an der Nützlichkeit ihrer Kenntnis keineswegs zweifelte. Dazu muß man wissen, daß nirgends auf der Welt ein so lausiger Französischunterricht geboten wird wie im Saarland, das direkt an der Grenze zu Frankreich gelegen ist und von dem viele Menschen hierzulande glauben, es läge sogar hinter dieser Grenze.

Auf den Lehrplänen der Scholle ist die alte deutsch-französische Feindschaft, die offiziell längst der Vergangenheit angehört, weiterhin lebendig wie eh und je. Die Lehrbücher – auf dem Gymnasium wie auf der Realschule – sind vorrangig auf Einförmigkeit ausgerichtet, die Illustrationen wirken, als wären sie sämtlich an einem einzigen verregneten Nachmittag vom Insassen einer amerikanischen Todeszelle niedergekritzelt worden, und die Lehrmethoden sind hauptsächlich dazu geeignet, den jungen Menschen lebenslänglich gegen alles Französische zu sterilisieren. Nicht ein einziges Mal in sechs Jahren Französischunterricht im Saarland hat Monty es beispielsweise erlebt, daß die Lehrerin einen Bus gechartert hätte, um den Schülern zu zeigen, daß es all das wirklich gibt – einen Steinwurf entfernt –, daß direkt hinter der Grenze ein großes Warenhaus aufgebaut ist und daß man dort Süßigkeiten kaufen kann – was die Schülerschaft unweigerlich sehr motiviert hätte. Statt dessen wurden wir acht Wochen lang unter einer stinklangweiligen Lektion mit dem Titel „Au marché" begraben, in der es nichts anderes dazuzulernen gab als die Namen vier verschiedener Früchte.

Birth of a Notion

Kurz nach der Mittleren Reife schickte Monty sich an, einen vernünftigen Beruf zu erlernen, ganz im Stile von Columbo, der immer sagt: „Ich möchte doch nur meinem Vorgesetzten eine kleine Freude bereiten!"

Im Laufe dieser drei Lehrjahre sollte Monty im Karnevalsleben seiner Heimatgemeinde mit ganz und gar unkarnevalistischen Aktionen bedingungslose Begeisterungsstürme auslösen. Er erlebte als Entertainer einen Berufsstart, der schöner und müheloser nicht hätte sein können – wenn er auch insgesamt freilich noch sehr weit davon entfernt war, dieses Treiben, das er umgehend zu seinem Nebenberuf erklärte, zu seiner Haupt-Einnahmequelle machen zu können.

Mit 17 ist man auf der Bühne einfach nicht überzeugend – solange man nicht mit dem Habitus einer singenden alten Diva auftritt und mit der Lebenserfahrung zweier Weltkriege um sich wirft...

Es galt zunächst, eine Lehrzeit in einem erzkonservativen Saarbrücker Verlagshaus zu absolvieren. Das zu erlangende Berufsbild war soeben erst konzipiert worden. Es hieß „Druckformhersteller" und war ein fachliches Monstrum, das von der Reproduktion über die Retusche bis hin zur Druckplattenkopie alles vereinte. Was heute jeder halbwegs aufgeweckte Schimpanse leisten kann, der einen PC in seinem Käfig stehen hat, war Anfang der 80er Jahre noch ein Haufen Arbeit und eine immense Materialschlacht.

Für Montys sexuelle Neigungen, die er schon bald nicht mehr um jeden Preis verbergen wollte, hatte man hier ebensowenig Verständnis wie für sein nervöses Auftreten und seine musischen Ambitionen. „Pferz" sagte man dazu, saarländisch für „Pfürze" = Flausen oder so ähnlich.

Immerhin hatte einer der älteren Kollegen gute Kontakte zur hauseigenen Konzertkasse. Dies war eine jener geheimen Adressen, wo man Karten für eine regelmäßige Veranstaltung des Saarländischen Rundfunks erstehen konnte, die im Großen Sendesaal auf dem Halberg statt-

Die berühmteste Schweineorgel der Welt. Monty mit Hanns Dieter Hüsch bei einer Live-Wiederbelebung der „Väter der Klamotte" (1992)

fand: „Hanns Dieter Hüschs Gesellschaftsabend", ein etwa dreistündiges Programm mit Gästen.

Es dauerte nicht lange, und Monty war einer der Stammbesucher dieser Programme.

Obwohl sich Hüsch – wie das immer seine Art gewesen ist – schon wieder bis zur Unkenntlichkeit weiterentwickelt hatte und mich optisch wie auch stilistisch kaum noch an den Kinderschreck aus dem Fernsehen erinnerte, genoß ich diese Abende in vollen Zügen. Ich atmete die herrliche Atmosphäre dieses schönen Raumes, ich war von Kopf bis Fuß in den Rundfunk eingetaucht.

Quasi nebenbei erlebte ich berühmte Vertreter der Branche live: Wolf Biermann, Dieter Hildebrandt oder Franz-Josef Degenhardt, die auch für mich historische Figuren waren, wenn auch keine persönlichen Lieblinge – aber auch Werner Schneyder, dessen prätentiöses musikalisches Brimborium mich ausrufen ließ: „Jawoll! Köstlich! Genauso will ich's auch machen!" oder die Gruppe Liederjahn, über die ich mich buchstäblich krank gelacht habe. Dabei war nicht unwichtig, daß sie für mich jene norddeutsche Art verkörperte, die schon immer das Ziel meiner Träume gewesen war.

Im Laufe dieser Programme beobachtete ich aber auch besonders aufmerksam den Beginn der Pause!

Der Meister verließ die Bühne immer durch ein kleines Türchen am rechten Rand der Bühne. Mehr und mehr wuchs in mir der Wunsch, zu wissen, wie es dahinter aussieht.

Eines Abends verschaffte ich mir Gewißheit. Ich erklomm die Bühne, lief zu diesem Türchen, und als ich es öffnete, war der Gastgeber natürlich längst über alle Berge. Vor mir lagen verwirrende Flure, und davor stand eher zufällig ein übellaunig aussehender Mann herum, der offenbar zum Personal des Senders gehörte.

„Wo willst du denn hin?" fragte er.

„Zum Herrn Hüsch", antwortete ich.

„Glaubst du denn, daß der das auch will?" fragte er.

„Es gibt nur einen Weg, das herauszufinden", antwortete ich, und diese Art von druckreifer Schlagfertigkeit war damals etwas völlig Ungewohntes an mir.

Überraschenderweise leistete der Mann keinen Widerstand mehr und zeigte mir den Rest des Weges.

Ich gelangte in ein Studio, in dem Herr Hüsch gerade mit dem Produzenten der Sendung zusammenstand, dem damaligen Unterhaltungschef Karl-Heinz Schmieding. „Wir müssen kürzen, wir müssen kürzen!" sagte er eben zu seinem Redakteur.

Ich machte mich bemerkbar, und Herr Schmieding sah huldvoll in eine andere Richtung, uns ein wenig allein lassend. Hüsch war genauso reizend wie ich ihn mir immer vorgestellt hatte, und ich hielt die beiden auch nicht lange auf.

Ich will mich auch jetzt auf das Wesentliche beschränken.

„Was Sie jetzt natürlich brauchen, ist ein Programm!" riet er mir. „Suchen' sich einen Freund, der Klavier spielen kann." Daraufhin muß ich sehr mutlos dreingesehen haben, denn er fügte hinzu: „Gitarre geht auch, Klavier ist aber besser!" Und: „Hingehen! Anmachen! Anmachen! Anders kommt man zu nichts!"

Als ich mich verabschiedete, dachte ich einen jener schwülstigen Sätze, mit denen mein Hirn damals bis zum Überlaufen gefüllt war: „Ich hoffe, wir sehen uns auf der Bühne wieder!"

Zum zweiten Mal reagierte ich jedoch ausnahmsweise richtig und sagte nur: „Vielen Dank! Machen Sie's gut!"

„Bleiben Sie gesund!" antwortete Hüsch.

Ich habe später tatsächlich hin und wieder mit ihm auftreten dürfen, bei einigen seiner „Gesellschaftsabende" und bei der Feier zu seinem 65. Geburtstag in der Kölner „Wolkenburg". Jeder Prominente des Landes war bei der Feier zugegen, sogar die Politprominenz, und die Programmfolge las sich wie das „Who is Who" der Kabarett-Zeitgeschichte. Ich war buchstäblich der einzige in der Liste, von dem ich noch nie etwas gehört hatte.

Bis heute ist Hüsch für mich der Größte geblieben, aber es gibt freilich auch ein paar Dinge, die uns außerhalb meiner persönlichen Einschätzung verbinden. Wir sind beide am Niederrhein geboren. Auch Hüsch ist in den frühen Jahren seiner Tätigkeit emsig dafür gekreuzigt worden, daß er keine Lust hatte, sich im Rahmen seiner Arbeit immerfort mit den Themen der Tagesschau auseinanderzusetzen.

Das galt in meinem Falle nicht nur für die Presse, sondern auch für die Kollegen. Ich war ihnen aber nicht nur aufgrund meiner außerparlamentarischen Sujets unheimlich, schwerer noch wog, daß ich offensichtlich kein Lampenfieber kannte.

Ich vertrat immer den Standpunkt, daß das Leben viel beängstigender ist als das Auftreten. Dort oben hat man doch wirklich alle Fäden in der Hand. Man kann über Wohl und Wehe seiner Helden entscheiden, man

Ein Nachruf zerstört den alten Kindheitstraum, einmal mit Cary Grant zusammen in einer Fernsehshow aufzutreten.

kann – mit etwas Geschick – für die Dauer der Veranstaltung eine neue Welt errichten. Wann hat man jemals auf der Straße, im Supermarkt oder in einer Liebesbeziehung auch nur eine annähernd große Souveränität?

Meine Steuererklärung, die Begegnung mit einem schlacksigen Dunkelhaarigen um die 30, das Versagen meines Videorecorders – das sind Dinge, bei denen ich Lampenfieber habe.

Oder wie hat ein großer Kollege unseren Beruf beschrieben:

> „Ein bißchen Blendwerk, ein paar Tricks,
> und das Problem ist klein wie nix!
> Doch in der Liebe geht das nicht!
> – Das zeigt der Originalbericht!"
>
> *(Bugs Bunny um 1982)*

Wahrere Worte sind zu diesem Thema nie gesprochen worden.

Meine Erziehung hatte mir immerhin so viel Unsicherheit hinterlassen, daß ich der Meinung war, ich müßte eine Schauspielausbildung machen, um mich beruflich im heiteren Fach etablieren zu können. Das war kompletter Blödsinn, denn schließlich wollte ich ja gar kein Schauspieler werden, sondern ein Komiker, der in Selbstverwaltung seine eigenen Texte vorträgt. Egal, ich wollte es wissen!

In letzter Sekunde meldete ich mich zur Aufnahmeprüfung bei der „Musikhochschule des Saarlandes" an der, quasi als Wurmfortsatz, eine Schauspielschule befestigt ist.

Für das, was dort verlangt wird (Kenntnis der klassischen Theaterliteratur, den Wunsch, diese auch umzusetzen etc.), fehlte mir jede Voraussetzung, und insofern war klar, daß die Sache schiefgehen mußte. Die Art und Weise wie es schiefging, erregte jedoch meinen Unwillen.

Ich ließ mich als letzter von der Jury aufrufen, was mir die Möglichkeit gab, das Vorgehen meiner Mitbewerber zu studieren. Es war in allen Fällen hundertprozentig identisch. Der Prüfling betrat den Raum, und dann herrschte erst einmal Stille. Es dauerte exakt drei Minuten, dann hörte man ihn (oder sie) durch die verschlossene Tür mit gehobener Stimme sprechen. Das steigerte sich zügig zu lautem Geschrei, das plötzlich abbrach. Dann wieder Stille. Kurz darauf kam der Interpret rechtschaffen ermüdet und schweißgebadet wieder heraus.

Eins war jetzt schon klar: ich hatte vergessen, den rebellischen Urschrei einzubauen.

Endlich betrat ich den Raum. Er war abgedunkelt, aber dennoch entdeckte ich ein paar bemerkenswert böse Gesichter. Nun gut – der Tag war lang gewesen, und es hatte bekanntlich viel Geschrei gegeben. Ich gab rasch meinen widerwillig einstudierten Molière zum besten und verärgerte das Tribunal anschließend noch mit einer Textpassage aus Chaplins „Rampenlicht".

Wie gesagt: Es war weise, mich nicht aufzunehmen, da hatten die Herrschaften unbedingt recht. Der Spott, der aus der Verkündung dieser Entscheidung klang, war indessen eine Unverschämtheit. Es sei ja auch klar, daß aus mir nichts werden könne, da ich davon ausginge, im Film so etwas wie Schauspielerei vorfinden zu können, meinte einer der Herren. Unvorsichtigerweise gab er sich danach selbst als verhinderter Darsteller zu erkennen – er war Leiter einer saarländischen Bühne. Eine hochrangige Lehrkraft der Schule, ein von abendländischer Entrüstung geschwellter Urning, entblödete sich nicht, mich darauf hinzuweisen, daß er meine mangelnde Eignung schon bei den Vorgesprächen sofort erkannt habe. Niemand, der einen Walkman trüge, beschämte er mich, könne jemals ein Schauspieler sein.

Als ich den Raum verließ, fühlte ich mich wie mit einem dünnen, öligen Schmutzfilm überzogen, was nahelegt, daß ich ein ziemlich ignoranter Flegel sein muß. Zutiefst bewegt von so viel mitleiderregender Dummheit und verkrachter Existenz, wankte ich ins Freie. Vor allem aber freute ich mich auf den nächsten Hüsch-Abend.

Taubenlied

Am Vorbild Hüsch orientierte sich auch dieser nicht ganz ernstgemeinte Versuch, ein Protestlied zu schreiben.

Wie ist doch diese Welt so ungerecht,
was sind die Zeiten hart,
was sind die Menschen schlecht.
Wohin man sieht, nur Krieg und Klopperei –
es regt in meiner Seele sich ein Schrei!
Ich warte auf die Stunde der Re-Inkarnation.
Dann schließt sich meine Wunde: Ich hab' eine Mission!

Ref:
Ich möchte eine Taube sein, was Grünes in der Schnute,
Symbol für Glück und Sonnenschein, das Wahre, Schöne Gute!
Von Weitem blick' ich auf das Leid, bin brav und sehe zu
und sage mir: „Du liebe Zeit, welch ein Towu-Ba-Hu!"
Drum: seh ich einen Schuft sein Weib am Kragen packen,
dann mache ich mir Luft und fange an zu – kacken!
Den Säufer drunt im Hinterhof seh' ich die Alte schlagen.
Ich ziele flink – ich bin nicht doof – versau' ihm keck den Kragen!
Weit weg von jeder Hölle, hoch über Maus und Mann,
dem Schöpfer auf der Pelle, ficht mich kein Zweifel an!
Die Kerls, die ständig meckern will ich mit Mist bekleckern.
Kaum schmeiß ich meinen Schiet, bin ich Kosmopolit.
So einfach kann das geh'n – ach, wie schön!

Ref:
Will eine weiße Taube sein, mit etwas Grün im Mäulchen.
Ich find' es schlimm, zerplatzt ein Schädel unter einem Keulchen!
Der böse Mensch, der Scheine zählt, der wetzt das scharfe Messer.
Er meint, das wäre richtig so, ich aber weiß es besser!
Wenn ein Soldat, dem Tode nah, im Wüstensande döst, dann sond're ich
ein Häufchen ab, und – Puff! – Problem gelöst!
Ein armer Mensch verhungert fast, dort unten in Bombay, ein and'rer
sitzt im Einzelknast – das find' ich ätzend, äy! Ein Krieger macht ein
Kindlein tot, zur frühen Abendstunde.
Ich sage „Pfui!" und werfe Kot – ich hab ja recht im Grunde!
Was schert mich Politik – Hauptsache ich bin lieb!
Und ist kein Schmuh in Sicht, laß ich es trotzdem nicht!
Ich defäkier' per se – Hipp Hipp Juchee!

Ref:
Ich möchte eine Taube sein, vergnügt und weltvergessen,
dann hätt' ich die Gerechtigkeit mit Löffeln aufgefressen.
Derweil die Leute fluchen, kann ich das Weite suchen,
so elegant und weich, dem stolzen Adler gleich.
Denn hier, von ganz weit oben, das Kinn so hoch erhoben, wo Mond und
Sonne gleißen – da ist leicht klug zu scheißen!

To Greener Crossroads

Meine Kindheit war noch nicht ganz zuende, und um ihr einen würdigen Ausklang zu bescheren, beschlossen meine Eltern um die Zeit meiner Volljährigkeit herum, ich müsse nun auch noch den Führerschein machen.

Wie schön.

Das war der letzte Gefallen, den ich ihnen tat, und insofern ... verdient er besondere Erwähnung.

Natürlich wurde ich nicht dazu gezwungen. Man appellierte, wie so oft, an meine Vernunft und an mein Ehrgefühl. „Schau mal", wurde mir durch die Blume bedeutet, „ein guter Katholik ist nicht aus dir geworden, bei der Saarbrücker Zeitung willste nicht bleiben, heiraten wird dich auch niemand – Gott, was ham wer bloß verbrochen! Jetzt werde wenigstens ein guter Autofahrer! Kind, das bist du uns *schuldick!*" Man plegte mir damals gelegentlich das tragische Beispiel meiner halslosen Cousine Ursula in Erinnerung zu rufen, die in der Telefonzentrale einer nahegelegenen Büstenhalterfabrik arbeiten mußte, weil sie ohne Fahrerlaubnis nicht mobil genug war, um einen besser bezahlten Job in der Stadt anzunehmen.

Dann lockte man mich ferner mit dem Versprechen, ein Auto, daß hieße frei sein! Unabhängig sein! Daß hieße, erwachsen werden!

Folgsam, wie ich war, habe ich sofort damit begonnen, mir das in den schönsten Farben auszumalen: mein neues Leben als King Of The Road, als zügiger, versierter, souveräner, flüssiger, ... sexuell verklemmter, eingeschüchterter, vom Leben überforderter Autofahrer!

So begab ich mich in die Hände einer Fahrschule, die nicht nur die anderthalbtausend Seelen meines Heimatkaffs betreute, sondern auch einen Nachbarflecken, und für mein persönliches Wohl war Volker zuständig, ein stimmgewaltiger, mutterwitziger Toupetträger.

Ich durfte ihn auf den nun folgenden teuer bezahlten Spritztouren begleiten: bei seinen Amtsbesuchen, Werkstatterminen und Einkaufsfahrten – und zwischendurch Autobahn fahren. Auf dem Land ist gut

Insgesamt brachte es Monty in all den Jahren auf ganze vier Vertonungen eigener Texte – hier „Die Stadtkapelle von Chicago“ aus dem „Cabajazzo“.

Autobahn fahren. Natürlich kapierte ich nichts. Ich kapiere nicht, wie ein Auto funktioniert, also kann ich es auch nicht bedienen! Ich hab's ja gewußt! Ich bin ein Versager! Ich hab's ja gewußt!

„Ruuuhig!" brüllte mir Volker entgegen. „Kein Problem!" Danach pflegte er einen abfälligen Scherz über Bernd Duszynski zu machen, einen Rundfunkmoderatoren, den er so abgrundtief haßte, daß er keine seiner Sendungen versäumte, und es konnte losgehen.

Unser Ziel hieß Dillingen, eine leuchtende Metropole im nördlichen Mittelsaarland, die nämlich eine eigene Kreuzung und eine Verkehrsampel besaß: die einzige im Umkreis von mehreren Kilometern. Das war seinerzeit fast ein Skandal! Ich verbrachte in der Regel meine teuren Fahrstunden mit dem langen Weg dorthin und mit dem Heimweg. Dazwischen durfte ich dann zur Belohnung einmal über diese Kreuzung. „Do muschte driwwer!" erklärte mir Volker. „Das sin die Sache wo de leere muschd!" Also überquerte ich sie. „Suuuper!" freute sich Volker.

Der Seltenheit dieser Übung ist es u.a. zuzuschreiben, daß sich meine Fahrkünste im ersten Halbjahr meiner Tätigkeit als Fahrschüler nicht sonderlich entwickelt haben.

Besonders effektiv waren jene Stunden, in denen unser Fahrlehrer seine Talente als Organisator kleinerer Gruppenreisen entfaltete. Gleich mehrere Fahrschüler wurden in den Golf gepackt und schichtweise ans Ruder gelassen. So dauerte die Fahrzeit für alle Beteiligten dann bis zu viereinhalb Stunden. Es kam einer Linienbusfahrt gleich. Das gab dem Pädagogen Gelegenheit, auch mal im fernen Saarlouis einzukaufen, und für meine Nachbarin fiel dann schon mal eine Extrakreuzung ab.

Ich möchte Sie nicht mit Details langweilen. Lediglich eine Konstellation will ich Ihnen näher vorstellen: Volker, Frau Christa aus Wiesbach, eine stämmige Hausfrau und Mutter, die vernehmlich nach 8x4, Achselschweiß sowie diversen Soßen und Gewürzen roch, ihr Sohn (5), sein Hund – und ich. In einem Golf. Und das im heißesten Sommer.

Ich hab's ja gewußt! Wo ich Kinder und Hunde auf den Tod nicht ertragen kann! Ein Kind, ein Hund und ich auf einer Rückbank, und meine Nase direkt in einer saarländischen Achselhöhle! Ich hab's ja gewußt! Ich hab's ja gewußt! Sie hassen mich alle! Sie wollen mich in den Wahnsinn treiben!

Nach einer verantwortungsvollen Frist von mehreren Jahrzehnteln wurde ich schließlich zur Prüfung freigegeben. Trotz boshafter Fangfragen wie: „Sie wenden auf der Autobahn. Was ist zu beachten?" bestand ich völlig überraschend den schriftlichen Teil – wie töricht von mir. Und als mir Volker vor Antritt des praktischen Teils in seiner liebenswürdigen Art versicherte: „Wer bei demm do Prüfer dorschfällt, der gebt geschwaat!" bestand ich auch den.

Zur Belohnung erhielt ich einen moribunden R5 – für mein Geld.

Jetzt fing der Ärger erst richtig an. Ich mußte auf der A1 zwischen Humes und Saarbrücken der Erkenntnis Vorfahrt gewähren, daß … daß ich … nun ja, daß ich … Ich hab's ja gewußt!

Mutti, ich kann es nicht! Es macht mich krank! Ich bin dem Ganzen nicht gewachsen! Das macht mich völlig fertig! Ich verfahre mich beim Ausparken! Ich krieg hektische Flecken! Krisen! Depressionen! Ich ertrage das nicht!

„Aber so fühlst du dich seit fast zwanzig Jahren ununterbrochen! Wo ist das Problem?" wollte Mutter wissen. Da mußte ich passen.

„Dat Dingen hat soviel Jeld jekoss, jetzt fährst auch damit!"

Papi meinte den Führerschein. Er hatte mir mal zum Geburtstag eine Fahrstunde geschenkt. Ich gab nach, und Mutti freute sich so sehr darüber, daß sie mich am liebsten sofort bei der „Jungen Union" angemeldet hätte. Ich konnte gerade noch widerstehen, aber ich fuhr weiter.

Und ich litt.

Ich fürchtete mich vor diesen gemeingefährlichen Verrückten, die nichts im Sinn hatten, als sich gegenseitig zu überholen, zu necken und zu rammen. Ich fand heraus, daß die Rasse Mensch noch gar nicht reif ist für das Automobil sei, aber wie alles, was ich herausfand, interessierte auch das keine Sau.

Also fuhr ich weiter und litt.

Bis auf einen ruckartigen Schürfvorgang an der Leitplanke kurz hinterm Rastpfuhl geschah wenig Ungewöhnliches. Dieses Ereignis gab Papi Gelegenheit zur Aufführung des Sketches „Der Verkehrspolizist" und machte ihm sehr viel Freude. So suchte ich Trost auf der Heimfahrt von meinen Nachtschichten. Da fuhr ich gelegentlich auch schonmal ohne Licht, aber dafür sang ich ganz laut: „In the roaring trafics boom / In the silence of my lonely room / I think of you – night and day!"

Gott, war ich einsam in diesen Nächten.

Ja, Mutti, ich weiß, das war auch nichts Neues.

Und ich fuhr weiter.

Und ich litt.

Es war vor einer städtischen Ampel, als sich mein Schicksal erfüllen sollte. Es goß in Strömen an diesem Tag, und vor der Ampel bildeten sich wahre Thrombosen mißgelaunter Autofahrer, die alle in ihren rollenden Gefängnissen saßen und litten. Ich war bei meinem Vortrag des Musicals „South Pacific" gerade an der Stelle, an der der nette Colonel stirbt, da erzitterte der Wagen unter meinem Gesäß, und ein gutturales Scheppern ward vernehmlich.

Aha. Das war also ein Auffahrunfall.

Ich will es kurz machen. Der andere war schuld. Der wußte das auch. Er gab's sogar zu. Ein Autofahrer, der seine Schuld zugibt! Ein saarländischer Autofahrer, der seine Schuld zugibt! Nun gab es zwei Möglichkeiten: entweder der Mann war krank, oder der Himmel hatte ihn mir geschickt, um mich aus meinem faraday'schen Käfig zu befreien.

Ehrlich, gesagt, es war mir egal.

Ich stieg aus, spürte den Boden unter meinen Füßen, den Wind in meinem Haar. Welch Wonne war's, des Morgens Frische zu erleben! Wasserminze und Wegerich schienen mit einem Mal aus den Bordsteinen zu wuchern, Schwertlilien und Sumpfdotterblumen. Der Regen umschmeichelte mein geschundenes Antlitz. Das Hupen der armen Eingeschlossenen tönte mir wie Vogelgezwitscher. Die Sonne brach durch die Wolken, ich breitete meine Flügel aus und erhob mich gen Himmel, und in diesem Moment glaubte ich, ganz deutlich den letzten Satz der BEN-HUR-Suite zu hören.

Muttis Schrift hatte sich erfüllt. Der Führerschein war da, das Auto im Eimer, und jetzt war ich wahrlich unabhängig – und frei!

(aus „Orpheus in der Einbauküche", 1991)

The Days of Rhyme and Proses

Aus dem dörflichen Karneval geriet Monty nun in die städtische Kleinkünstler-Szene Saarbrückens hinein. Das mußte so sein, denn erstens gab es außerhalb der Karnevalssaison keine Möglichkeit, auf dem Lande aufzutreten – die Zeit der „Kultursommer“ war noch nicht hereingebrochen – und zweitens gab es auf dem Dorf auch keine Schwulenszene.

Das kulturelle Leben im Saarbrücken jener Tage war rege und malerisch.

Im Jazzkeller „Giesskanne“, der in den nächsten Jahren so etwas wie seine Hausbühne werden sollte, traf er auf zahlreiche Kollegen aus dem „Kinder und Jugendtheater Überzwerg“, das offiziell mit dem Staatstheater verbunden war, aber der Austausch zwischen diesen Bühnen war minimal. Persönliche und personelle Verbindungen gab es von dort zum SLT, zum Saarländischen Landestheater, aus all diesen Ensembles strömten verschiedene Kolleginnen und Kollegen auf die Brett'l-Bühne, die man an den jazzfreien Tagen in der „Giesskanne“ eingerichtet hatte – das Theater „Musentümpel“ – um dort ein Gegengewicht zu Anouilh und Ibsen zu schaffen und mit dem Publikum zusammen Spaß zu haben.

Ich gelangte keineswegs zufällig dorthin, es war ein Stück harter Arbeit, besonders deshalb, weil ich Saarbrückens freie Theater bis dato nie betreten hatte. Ich kannte nur die Einkaufspassagen und den Weg, den ich zur Arbeit zurückzulegen hatte.

Zunächst suchte ich mir eine Bleibe in der Stadt, denn die ländlichen Busverbindungen sind eine Missetat am Eingeborenen. Am St. Johanner Markt kam ich als Cover-Designer eines Filmmusik-Produzenten und Fachhändlers unter. In meinem dortigen Arbeitszimmer gab es nicht nur eine bombastische private Plattensammlung, sondern auch ein Sofa, auf dem ich bequem nächtigen konnte.

Aber ich wollte ja auch noch auftreten!

Eine Kollegin in der Firma erklärte mir, es gäbe da einen Schauspieler namens Bob Ziegenbalg, der ein wahnsinnig unterhaltsames Programm spielen würde, irgendwelche erotischen Geschichten. Das gesunde Mißtrauen ignorierend, das mir im Elternhaus gegen alles Fleischliche mitgegeben worden war, erkundete ich die Telefonnummer dieses Künstlers.

Es traf sich gut, daß mein Berufschullehrer Herr Albrecht im Rahmen seiner Arbeit bei der alternativen „Saarbrücker Stadtzeitung“ den Mitbewohner dieses Mannes und damit auch seine Telefonummer kennengelernt hatte. Zwei verschiedene Telefonanschlüsse in einem Privathaushalt waren damals zum Glück noch eine Seltenheit…

Der arme Bob Ziegenbalg wurde nun sehr oft von mir angerufen, so oft, daß seine Freundin mich mit Rupert Pupkin aus dem Film „King Of Comedy“ verglich. Ich weiß gar nicht, ob sie das böse gemeint hat, denn den Film mag ich sehr. Und hin und wieder muß man schon ein bißchen nerven – anders kommt man ja bekanntlich zu nichts.

Bob war ein ehemaliger Straßentheatermann Anfang dreißig, der unterdessen im bereits erwähnten „Theater Überzwerg“ aufgegangen war. Auf eine katholisch erzogene Dorftunte wie mich wirkte er dennoch ungeheuer alternativ.

Er lebte mit seiner Freundin und dem Kollegen von der Stadtzeitung in einer Art Villa Kunterbunt zusammen, die für mich, wie jeder Ort in dieser kleinen Stadt, einigermaßen gut zu Fuß zu erreichen war.

Unvorsichtigerweise erzählte er mir bei einem meiner Besuche, daß er in der „Giesskanne“ zum Monatsende regelmäßig eine Veranstaltung mit dem Titel „Das Letzte“ anbieten würde, in der Gäste auftreten könnten. Es dauerte etwa 70 Minuten, dann hatte ich seine mündliche Zusage, beim nächsten Mal auch mitmachen zu dürfen.

Es war im Frühjahr 1986. Den Russen war soeben das Kernkraftwerk von Tschernobyl um die Ohren geflogen. So erlebte das Thema „Atomkraft“, das zu diesem Zeitpunkt kein Schwein mehr interessierte, noch einmal eine Phase der Beliebtheit in intellektuellen Kreisen. Jeder, der sich auf eine Kleinkunstbühne stellte, wurde nun zum Kabarett eingezogen, sprich: zum Anti-Atom-Kabarett. Hilfreicherweise planten die Franzosen genau zu diesem Zeitpunkt, in unmittelbarer Nähe der deutsch-französischen Grenze ein Kernkraftwerk namens „Cattenom“ zu errichten (– was spitzfindige Worstpiele wie CatteNON! nahelegte!).

In Bobs „Das Letzte“ war ich der einzige strahlenfreie Beitrag.

Ich trug ein gestreiftes Hemd, ein würdeloses Brillengestell und bot

In diesem Alter sehen Menschen normalerweise besonders gut aus: Der blutjunge Saarbrücker Debütant Monty (Mitte) mit den hübscheren Kollegen Bob Ziegenbalg und Sigi Becker in der „Giesskanne".

alles in allem einen abscheulichen Anblick.

Aber meine Gags wurden gut aufgenommen, und auch dieser berufliche Schritt glückte ohne große Hindernisse.

Spätestens hier muß ich mich über die Verschiedenheit der beiden Welten gewundert haben, zwischen denen ich wanderte, denn zu Hause war ich entweder ein medikamentefressendes Sorgenkind gewesen oder nach der Maxime erzogen worden: „Fang keinen Streit an! Du hast sowieso unrecht!" Entsprechend niedrig entwickelte sich mein Ansehen auch außerhalb der Wohnung.

Auch nach meinem Aufbruch in die Stadt, sollte mein Coming Out bis auf weiteres noch nicht in Gang kommen, denn die Weltgeschichte kam mir irgendwie dazwischen .

No Scandal in Bohemia

AIDS kam in Deutschland ganz plötzlich, an einigen Tagen im Sommer 1985, jenem Jahr, das die Bundesbahn als „rosarot wie noch nie“ besungen hatte und das Monty Arnolds ganz persönliches Coming Out-Jahr hätte werden sollen.

Jeden Donnerstag traf sich die Saarbrücker Schwulengruppe „KaHoS“ in einem alternativen Café – getreu dem Haribo-Slogan „Donnerstag ist Schneckentag“. Kurz vor meinem 18. Geburtstag tauchte ich erstmals dort auf, und am folgenden Wochenende war es mir vergönnt, eine jener großen, rauschenden Homo-Parties zu besuchen, die es in dieser Form längst nicht mehr gibt. Ich fand den Eintritt in diese Kreise, die man mir bis dato – wenn überhaupt – als garstig und abartig beschrieben hatte, recht angenehm.

Ich erschrak nicht. Niemand hielt mich fest, schminkte mich gegen meinen Willen oder bepinkelte Heiligenbildchen.

Obwohl ich davon insgesamt noch sehr weit entfernt war, fühlte ich mich irgendwie heimgekehrt und war froh, daß der erwartete Schock offensichtlich ausgeblieben war.

Doch da hatte er sich zu früh gefreut. Dieser bunte Abend war in Wahrheit ein großer Abgesang.

Die Ära der opulenten privaten Feste war bereits im Begriff, zu Ende zu gehen – einerseits, weil die fetten Jahre unserer Nation langsam ausklangen, andererseits weil schon bald darauf nichts mehr so sein sollte wie vorher.

Als Monty am nächsten Donnerstag zum zweiten Mal die KaHoS-Gruppe besuchte, hatte sich die Welt verändert. Seit der Woche zuvor waren je ein SPIEGEL und ein STERN mit einer beunruhigenden Titelgeschichte erschienen: AIDS war offiziell ausgebrochen! Was unter vorgehaltener Hand bislang als „Schwulenkrebs“ verkauft worden war, war nun amtlich! Für alle! Für jeden!

Mittagspause bei meiner SR-Radio-kolumne im Spiegelzelt (1992).

Plötzlich mußten sich selbst brave Familienväter im hintersten Winkel der Provinz mit Begriffen wie „Kondom" oder „Analverkehr" auseinandersetzen, und nebenbei erfuhr die bürgerliche Welt nun auch, was ein Dildo ist...

Diese Geschichte hatte einen Nebeneffekt, der weithin unterschätzt wird: die homosexuelle Welt kam aus dem Ghetto heraus, das die Schwulenbewegung 85 Jahre lang vergeblich aufzubrechen versucht hatte.

Noch wenige Wochen zuvor – und das meine ich wirklich ernst – hatte ich auf einem Dorf gelebt, mit dem Gefühl, der einzige Schwule auf der Welt zu sein – zumindest der einzige, der nicht dem Klischee entsprechend kriminell, irgendwie krank und am unteren Rand der Gesellschaft angesiedelt war. „Diese Leute" waren im harmlosesten Falle derangierte Elemente, die – als Frauen verkleidet – im Wald herumlungerten, um katholische Pilzesucher zu verstören. Ganz so tragisch war ich nun zwar auch wieder nicht veranlagt, aber was half mir das?

Selbst die aufsehenerregendste Aktion einer Saarbrücker Schwulengruppe hatte nie in diese Reservate vordringen können. Nun gab es auf einmal eine öffentliche Diskussion, und in diesem Rahmen fielen auch ein paar ganz sachliche Bemerkungen zum Thema „Der Homo und Du". In den folgenden Jahren wurden die Buchhandlungen mit Ralf-König-Büchern überschwemmt, die ARD zeigte Filme wie „Kuß der Spinnenfrau" oder „Mein wunderbarer Waschsalon" zur besten Sendezeit. Die allgemeine Befürchtung, den Schwulen würde als vermeintlichen Erfindern dieser Krankheit nun erst recht die Hölle heiß gemacht, bewahrheitete sich nicht.

Für den Neuankömmling in der Boheme war freilich von diesen Fortschritten noch nichts zu spüren – und einstweilen auch für niemanden sonst.

Die Schwulenszene war in panischem Entsetzen erstarrt. Die neue Seuche hatte eine Situation geschaffen, in der Monty seine sexuelle Entwicklung erneut auf die lange Bank schieben mußte. („Außerdem war ich einfach nicht so cool und ausgeflippt wie die anderen – es war zum Verzweifeln.")

Alles, was man über AIDS damals wußte, waren die wichtigsten Übertragungswege und daß es weder ein Gegenmittel noch einen Impfstoff gab. Ausgerüstet mit diesen Minimalkenntnissen gelangten verschiede-

ne farblose Tunten nun zu vorübergehender gesellschaftlicher Bedeutung. Als die ständige Wiederholung dieser Fakten in den Gesprächskreisen nicht mehr zündete, zogen sich die Referenten zurück, um eine Hilfsorganisation zu gründen. Die AIDS-Hilfe entstand, quasi aus den Reihen der Schwulenbewegung heraus – die nun wiederum ganz allmählich begann, sich faktisch aufzulösen. Die Bewegung ist heute nur noch so eine Art Elvis: Es finden sich immer wieder Menschen, die sie lebend gesehen haben wollen. Und wer es besser weiß, der lächelt mild.

Unterdessen huben die Diskussionen darüber an, wer's denn nun besser getroffen hat: diejenigen, die die wilden Zeiten ohne Präser noch erlebt haben durften oder die, „die gar nicht ahnen, wie der Kaviar schmeckt".

Wir werden es wohl niemals ganz genau wissen.

Gewisse Qualitätsverluste im schwulen Selbstverständnis sind hingegen nicht von der Hand zu weisen...

Wir hatten uns das schon ein bißchen anders vorgestellt. Auf unserem Weg zur gesellschaftlichen Anerkennung haben wir einen Aggregatzustand übersprungen. Aus der zweiten Klasse sind wir übergangslos in ein selbstgefälliges Ghetto hinübergestöckelt, in dem vielfach nichts als gepflegte Langeweile herrscht. Die Ausgrenzung, die wir mit unserem Jugendkult untereinander betreiben, schneidet tiefer in unsere persönliche Lebens- und Beziehungsqualität hinein, als es ein bayrischer Politiker vermocht hätte. Das verächtliche Unverständnis eines Techno-Babies gegenüber einem kaum fünf Jahre älteren Knaben ist häufig nicht geringer als das eines verpieften Vaters seinem schwulen Sohn gegenüber.

Die dennoch vorhandene Sehnsucht nach einem klar konzipierten Feind von außen gebiert das, was in unseren Kreisen als „Zickigkeit" bezeichnet wird.

Der klassische Schwule wäre gern groß und gefährlich. Aber nicht im Sinne von Attila dem Hunnen, vielmehr in Gestalt der erotischen Giftspritze, mustergültig verkörpert von Joan Collins in der Serie „Der Denver-Clan".

Hat ein Schwuler nun den „Denver-Clan" – oder etwas Vergleichbares – im Fernsehen gesehen, will er gerne so sein wie Alexis. Am liebsten würde er jetzt seinem Vorbild umgehend folgen und ein Imperium vernichten. Dummerweise ist so ein Imperium nie zur Hand, wenn man es braucht. Na gut, dann möchte er wenigstens jemanden so richtig ver-

Plakatmotiv für „Alexis darf nicht sterben". Mein Porträt steuerte Peter Mrozek bei.

letzen. Das geht leider nur mit Menschen, die einen mögen, solange man nicht bereit ist, von der Schußwaffe Gebrauch zu machen. Ein Freund oder amtierender Liebhaber ist aber ebenfalls gerade nicht im Haus. Nur die obligatorischen leeren Tuntenhülsen.

Teufel, Teufel.

Was bleibt dem armen Schwulen nun übrig, als seine Dromedarschnute aufzusetzen und ein Gay-Lokal aufzusuchen, eine Bar oder ein Café zum Beispiel. Vielleicht ist ja gerade ein Ex-Liebhaber anwesend. Na, mal sehen.

Wieder Fehlanzeige. Ausnahmsweise kein bekanntes Gesicht – abgesehen vom Kellner und ein paar der üblichen Möbel-und-Klamotten-Figuren.

Also wird tüchtig Kaffee verschüttet und beim Zahlen gemosert.

(Die Kunst der Arroganz besteht darin, den Kopf angewidert einzuziehen, ohne daß der Hals dabei dick wird!)

Alexis hätte sich damit zwar nie begnügt, morgen ist ja auch noch ein Tag.

Die verhinderte Zicke trollt sich, aber es war nicht alles umsonst.

Der Kellner war gerade so weit, ein freundlicherer Mensch werden zu wollen, ein guter Vorsatz gewissermaßen. Aber wozu denn – bei dieser Kundschaft...

Da kommt der nächste Gast – noch hat er gute Laune!

Na warte!

Und so nimmt das Schicksal seinen Lauf.

„Alexis darf nicht sterben" ist so ziemlich das einzige von Montys abendfüllenden Programmen, in dem auch die Passagen in der Ich-Form allesamt frei erfunden sind. Es ist die Geschichte des schwulen Holzbläsers Waldo, der in einer Therapie seine unbewältigten Homo-WG-Konflikte aufarbeiten möchte. Diese Wohngemeinschaft ist längst aufgelöst und hat ihre wenigen harmonischen Stunden stets nur bei der gemeinsamen Betrachtung der Serie „Der Denver-Clan" erlebt.

Es war eigentlich eine schöne Zeit, damals in der WG am Neuen Pferdemarkt. Wir konnten uns zwar wie gesagt eigentlich nicht ausstehen, aber jeden Mittwochabend um neun waren unsere Differenzen vergessen. Dann saßen wir alle zusammen vor dem Fernseher, das Telefon verschwand im Kühlschrank, die Klingel wurde abgestellt, wir haben sogar die Fensterläden geschlossen, um eine Urlaubsreise vorzutäuschen –

und unser bescheidenes Wohnzimmer verwandelte sich in die Empfangshalle der Carrington-Villa oder in Blakes Büro...

Krystle: Hallo, Blake!

Blake: Hallo, Krystle!

Krystle: Gesundheit!

Blake: Danke. Was führt dich in mein Büro?

Krystle: Ich habe hinsichtlich meiner Zukunft einen Entschluß gefaßt, Blake.

Blake: Du hast dich also entschieden. Du wirst ein Tenorhorndiplom machen, und alles andere ist dir gleichgültig! Damit meine ich mich ... die ganze Familie.

Krystle: Blake, ich möchte dir gerne etwas sagen. Die ganze Zeit habe ich mich auf unser Baby gefreut, und außer dir ist mir nichts im Leben wichtiger. Ich vergesse die Kleine nicht eine Minute. Sie wird groß werden und immer wissen, daß ich sie liebe. Unsere kleine ... wie war doch ihr Name?

Blake: Christiane?!

Krystle: Crysantheme...

Blake: Krystina!

Krystle: Richtig...Unsere kleine Krystina soll stolz auf ihre Mutter sein. Wenn die Kinder mal aus dem Haus sind oder 's passiert was, dann hab ich mein Tenorhorndiplom. Dann hab ich was in der Hand!

Blake: Krystle, wir brauchen dich hier! Du bist meine Frau. Und du bist die Mutter unserer Tochter! Genügt dir das denn nicht?

Krystle: Mehr bin ich nicht? Nur Ehefrau und Mutter?

Blake: Du bist allerhand mehr als das. Du bist die Tochter deiner Mutter und die Schwiegertochter meiner Mutter. Außerdem bist du die Schwester der Tochter deiner Mutter. Unsere Tochter ist die Enkelin deiner Mutter, folglich bist du auch die Mutter der Urenkelin deiner Großmutter. Ich finde, das ist Aufgabe genug! Geh jetzt heim und kümmere dich um unser Kind!

Krystle: Oh, Blake! Ich bin es leid, immer nur die Krystle von der Post zu sein!

Blake: Ich bezweifle deine guten Absichten ja gar nicht!

Krystle: Wirklich nicht?

Blake: Nein.

Krystle: Das freut mich, aber vielleicht zweifle ich an mir selbst. Was habe ich in meinem Leben denn schon gemacht? Bis jetzt war ich immer damit zufrieden, Miss Gunnarson gegen die Angriffe der neuen farbi-

AUGUST
ELBA
RADO
ELBA
RADO
USA
USA

Ralf und Monty: Monty bei Ralf Königs „Denver“-Fete. Der Gastgeber wollte an und für sich als Alexis gehen, mußte aber zugeben, daß das Ergebnis sehr viel mehr Ähnlichkeit mit Cousine Sable hatte.

ZUR SENDUNG AM 17.8.91:

BLAKE VERSUCHT VERGEBLICH, KRYSTLE DEN GEPLANTEN PFLAUMENSTURZ AUSZUREDEN. SAMMY JO BEARBEITET STEVENS GESICHT MIT EINEM FLAMMEN-WERFER, WEIL SIE AL CORLEY[redacted] DOCH GEILER FAND. ALEXIS WIDERRUM VERSÖHNT SICH AUF IHRER LINKEN SCHAMLIPPE SITZEND MIT DEX DEXTER.

(UNTER BILD)

ZDF BILDARCHIV

(DANKE FÜR DIE SCHÖNE MUSIKE!)

gen Küchenhilfe zu verteidigen und Leon bei der Blattlausbekämpfung zu helfen. Ich war für alle da. Ich hab' mir ihre Probleme angehört und versucht, sie zu beseitigen. Ich war zur Passivität verurteilt, während alle anderen etwas erreichten. Jetzt bin ich an der Reihe. Ich will nicht, daß mein Leben im Däumchendrehen versinkt! Ich will eine Chance!

Blake: Es gibt so viele sinnvolle Dinge, die du in deiner Freizeit tun könntest! Das Isolde-Wonz-Gymnasium braucht eine neue Sekretärin, und Corny Littmann sucht verzweifelt eine Frau, die sich einmal die Woche mit ihm in der Öffentlichkeit zeigt!

Krystle: Nichts da! Ich mache mein Diplom. Und was Kryssabel-la angeht, …ehrlich gesagt … ich kann das Biest nicht mehr sehen.

Blake: Aber du sagtest doch zu mir, sie würde von Tag zu Tag immer schöner.

Krystle: Nein, Blake. Ich sagte nur, sie wird dir von Tag zu Tag immer ähnlicher.

(Telefon düdelt)

Vorzimmerdame: Andrew Laird auf Leitung zwei.

Blake: Ja? … So. … Oh! (legt auf)

Krystle: Schlechte Nachrichten, Blake? (kichert vergnügt)

Blake: So könnte man sagen. Meinem Vater geht es sehr schlecht. Er liegt in seiner Villa, der alte Sack, und gibt langsam den Geist auf.

Offensichtlich hat er nichts Besseres zu tun! --- Ich muß zu ihm. Wir unterhalten uns ein andermal weiter!

Krystle: Oh, Blake.

Blake: Sicher, sicher. Ich muß sofort nach Sumatra fliegen.

Im Penthouse der bitterbösen Alexis, Blakes widerwärtiger Ex-Gattin, wird zu Zeit gefrühstückt.

(Verheerende Grunzlaute)

Dex: Guten Morgen, Alexis.

Alexis: Oh, hallo, Dex! Ich hab dich schon am Geräusch erkannt!

Dex: Du siehst bezaubernd aus.

Alexis: Ich weiß.

Dex: Und du bildest dir ganz schön was drauf ein.

Alexis: Aber ja, natürlich. Die meisten von uns sind doch auch wirklich häßlich, oder nicht?

Dex: Nun erzähl schon. Was hast du dir für heute wieder für Scheußlichkeiten ausgedacht?

Alexis: Ich werde dich heiraten, Dex. Es ist schon über eine Staffel her, daß ich zum letzten Mal meinen Familiennamen geändert habe. So geht es nicht. Das bin ich meinen Fans schuldig.

Dex: Von welchen Fans sprichst du?

Alexis: Von den Zuschauern in den neuen Bundesländern ... die kennen mich noch nicht gut genug.

Dex: Wenn du mich nur heiraten willst, um Blake zu ärgern, das kannst du dir sparen! Der hat Kummer genug! Sein Vater liegt im Sterben.

Alexis: Wo?

Dex: In seiner Villa auf Sumatra!

Alexis: Tom Carrington liegt im Sterben? Und das erzählst du mir so nebenbei! Woher weißt du das?

Dex: Würde ich es dir jetzt sagen, würde ich dich um die Freude bringen, es selbst herauszufinden!

Alexis: Du mußt mich jetzt bitte entschuldigen, Dex. Ich fliege sofort nach Sumatra! Tom Carrington und ich, wir haben uns immer sehr gut verstanden! Ich muß sofort zu ihm!

Dex: Du kannst mich doch nicht mit Amanda allein lassen!

Alexis: Wann wirst du endlich einsehen, daß ich alles kann, was mir Spaß macht!

Unabhängig voneinander eilen Blake und Alexis nun an das Sterbebett des alten Mr. Carrington.

Vater Carrington: (hustet kläglich)

Blake: Faß dich bitte kurz, Vater. Meine Zeit ist kostbar! Ich habe ein Unternehmen zu leiten!

Vater Carrington: Es freut mich, daß ihr alle gekommen seid, um eure Schuldkomplexe abzureagieren. Es ist mir wichtig, euch – bevor ich von Euch gehe – noch Verschiedenes mitzuteilen. Du weißt es noch nicht, Blake, aber Krystle hat eine zwanzigjährige Tochter namens Sue-Lindsay.

Blake: Nicht zu fassen.

Alexis: Th! Das sieht ihr ähnlich!

Blake: Alexis, würdest du bitte den Mund halten! Sprich weiter, Vater!

Vater: Diese Tochter war meine Frau – sie verließ mich vor zwei Wochen.

Blake: Demzufolge bist du mein Schwiegersohn, und meine Stieftochter ist meine Mutter.

Vater: Richtig, Blake. Nun ist eure, das heißt Krystles Tochter Krystina gleichzeitig meine Schwägerin und deine Tante.

Blake: Als Schwester meiner Stiefmutter, ich verstehe.

Vater: Aber es kommt noch besser: Sue-Lindsay, deine Stiefmutter, die gleichzeitig meine Stieftochter ist, hat vor drei Wochen ebenfalls ein Kind bekommen, einen Jungen, und der ist nun sowohl dein Bruder als auch dein Enkel.

Blake: Langsam, Vater. Demnach bin ich selbst als der Mann meiner Frau auch ihr Enkel – als Sohn ihres Schwiegersohnes. Krystle ist meine Großmutter…

Vater: Als Mutter deiner Stiefmutter, richtig.

Blake: … und da der Mann meiner Großmutter mein Großvater ist, bin ich … o Gott!

Vater: Es ist wahr Blake! Du bist …

Alexis: Blake, das ist nicht wahr!

Vater: Blake, du bist dein eigener Großvater.

Blake: O mein Gott!

(Schlußmusik)

Auch die deutsche Wiedervereinigung hinterließ eine Duftmarke in diesem Programm. Die von der Wende verursachte allgemeine Krise im Selbstbewußtsein der Wahlberliner Szene-Menschen hatte nämlich auch den Vollplayback-Artistinnen der Hauptstadt arg zugesetzt.

Transen aus West-Berlin

Text: Monty Arnold & Hans Peter Reutter
Melodie: Tulpen aus Amsterdam.

Einmal kam sie aus der Ferne, aus der Provinz, Wessi-Land.
Heute verschweigt sie es gerne, als hätt' sie Soest nie gekannt.
Kaum war sie erst angekommen, war sie zu allem bereit.
Sie ist schizophren, und jeder soll's sehn,
so ging sie zur Bühne im Kleid!

Ref:
Auf der Insel war'n sie oberschrill – Transen aus West-Berlin,
doch die Mauer fällt, und keiner will – Transen aus West-Berlin.
Doch selbst jetzt, da halten sie nicht still: – Transen aus West-Berlin.
Viel sich tut von Main bis Elbe, an der Spree bleibt's stets dasselbe,
„Geh' im Kleid, und du bist Queen",
denken Transen aus West-Berlin.

Wenn's nach Hundekot und Freiheit stinkt: – Transen aus West-Berlin.
Wenn zum Vollplayback ein Lied erklingt: (debiles Mund Auf- und Zumachen)
Wenn zum x-ten Mal 'ne Dietrich singt: – Transen aus West Berlin.
Teils in Leder, teils im Rocke haun' sie zotig auf die Glocke!
Was selbst uns zu peinlich schien, tun die – Transen aus West-Berlin,
tun die Transen aus West-Berlin!

In der Reihe „Saarbrücker Spätlese" konnten sich Monty und seine Kollegen (hier Ralf Peter Wolf) richtig austoben. Mit seinem Untertitel „Ein literarischer Abend mit Musik" düpierte er allerdings die örtlichen Buchhändler.

Bread and Circumstance

Monty suchte sich nun den besagten „Freund, der Klavierspielen kann". Er fand ihn in Gestalt einer Studentin, mit der einer seiner Kollegen unverbindlich geflirtet hatte.

Das Ergebnis war das erste abendfüllende und komplett selbst verfaßte Monty-Arnold-Programm „Die besonders frühen Jahre".

Der Besuch war gut und die Publikumsreaktionen ermutigend.

Die „Saarbrücker Zeitung" (das einzige derartige Organ im Saarland) harpunierte den Abend in Bausch und Bogen.

Als ich zur Arbeit kam, waren die Wände der Abteilung mit Plakaten tapeziert, auf denen der Verriß im DINA3-Format zu lesen war.

So gut war die Stimmung in diesen Räumlichkeiten lange nicht gewesen.

Selbst denen, die mein Programm gar nicht gesehen hatten, rettete ich auf diese Weise den Tag, Vollblutkomödiant, der ich war.

Als Trost für diesen Spießrutenlauf trat bald darauf der Saarländische Rundfunk in Erscheinung – in Gestalt des Redakteurs Lutz Hahn, der Monty in seine Hörfunkreihe „Zwei rechts – zwei links" einlud. Wie schon bei „Das Letzte", war er hier ein Gast in der letzten Ausgabe. Das Nachfolgeformat hieß „Auf in den Keller" und ging Anfang 1988 auf Sendung. Hier gehörte Monty nun zur festen Mannschaft, anfangs noch im Duett mit Bob Ziegenbalg, der sich einige Jahre später von dieser Tätigkeit zurückzog.

Allen Etatkürzungen zum Trotz, hat die Serie bis heute überlebt.

Auch sonst fühlte sich Monty im Jazzkeller mehr und mehr zu Hause.

Als der Saarbrücker Autor und Schauspieler Jochen Senf Anfang 1987 als neuer Tatort-Kommissar unter Vertrag genommen wurde, wurden seine Kapazitäten auf dem Spielplan des „Theater Musentümpel" frei, und Monty bekam erstmals die Möglichkeit, kleine Suiten mit einem Solo-Programm zu bestreiten.

Red' nicht davon, wie toll du küßt! – Monty mit den Kollegen Udo Sättler und Ralf Peter Wolf in der Reihe „Saarbrücker Spätlese"

Eines meiner zahlreichen selbstgemachten Plakatmotive: „Die Hölle unter Saarbrücken" (1988)

Es war „Der Cabajazzo", für den er sogar eine Art Bühnenbild errichtete.

Als Titelmusik für dieses Programm wählte er die Ouvertüre seines damaligen Lieblingsmusicals „South Pacific". Seither hat er auf den musikalischen Aspekt immer größten Wert gelegt. Seine Pianisten mußten sich im Laufe der Jahre mit Klavierbearbeitungen großorchestraler Filmmusik herumschlagen, schließlich sogar mit dem „Warschauer Konzert" von Richard Addinsell.

Ganz allmählich nahmen auch die örtlichen Nachrichtenorgane von mir Notiz. „Der Cabajazzo" wurde sogar mit Bild in der Heimatpresse angekündigt, die nun insgesamt allmählich etwas verträglicher zu mir wurde. Zur Hofberichterstattung lief sie gleichwohl nicht auf, machte sie mir doch im Laufe einer einzigen Kritik sowohl „fortwährendes übertriebenes Gestikulieren" zum Vorwurf als auch, daß ich es fertigbrächte, „den ganzen Abend fest mit beiden Händen am Manuskript zu kleben". (Uri Geller wäre vor Neid erblaßt, hätte er das lesen dürfen!)

Geradezu zum Liebling der Medien wurde ich erst zu einer Zeit, als mein Entschluß, Saarbrücken bald den Rücken zu kehren, schon feststand. Zusammen mit einigen Kollegen aus der freien Szene produzierte ich die Cabaret-Revue „Die Hölle unter Saarbrücken", eine Anspielung auf den Wim-Wenders-Filmtitel „Der Himmel über Berlin". Es gab heftige Spannungen im Ensemble – logischerweise wollte jeder die Hauptrolle spielen, obwohl es so etwas in unserem Stück gar nicht gab. Mich frustrierten diese Grabenkriege derartig, daß ich mich auf die kleine Rolle des teuflischen Zeremonienmeisters beschränkte, der – auf dem Flügel sitzend – das Geschehen kommentierte. Zutiefst beleidigt maulte ich in mein Tagebuch: „In diesem Programm ist nun wirklich für jeden etwas dabei, nur für mich nicht!" Ich fand das Ergebnis immerhin so solide gemacht, daß ich den Aufführungen tapfer entgegensah.

Ausgerechnet dieses von mir so ungeliebte Projekt erregte endlich ein gewisses feuilletonistisches Aufsehen. Es war gewissermaßen mein Saarbrücker Durchbruch.

Dennoch stand mein Entschluß unumstößlich fest, dieser Stadt zum Jahresende den Rücken zu kehren.

Zum Abschied wollte er seinem Publikum ein besonders ambitioniertes Projekt präsentieren – statt dessen gab es noch einmal richtig Ärger. Seine Pianistin ließ Monty inmitten der Probenphase im Stich.

Dieser unfreundliche Akt verletzte ihn bis ins Innerste seiner Eingeweide, zumal er Gründe hatte, dahinter die Intrigen einiger Kollegen zu vermuten, denen die Früchte seines Übereifers zunehmend ein Dorn im Auge waren.

In Windeseile mußte nun ein Ausweichprogramm her, denn die überaus komplizierte Klavierbegleitung, die weite Teile des Abends dramaturgisch untermalte, war auf die Schnelle mit keinem anderen Pianisten herzustellen.

Als Retter in der Not erwies sich Stefan Schöner, der schon bei „Die Hölle unter Saarbrücken" als musikalischer Leiter fungiert hatte und dessen umwerfenden Humor Monty über alle Maßen schätzte. Schöner mobilisierte seine Band „That's It", und in wenigen Wochen wurde ein Nummernprogramm mit Jazzmusik und dem unbescheidenen Titel: „All That Arnold" zusammengekloppt, Ouvertüre: „The Detective" von Jerry Goldsmith. Diese hastige Ersatzlösung erwies sich im Nachhinein als Glücksfall, denn der gedankenschwere „Orpheus" wäre im Zweifelsfalle der weniger elegante Kehraus gewesen.

Durch Montys bevorstehenden Abschied, der in regelrechten Nachrufen gewürdigt wurde, war der Keller brechend voll.

Die Saarbrücker Gastspiele der folgenden Jahre sollten nicht mehr ganz an diesen Erfolg anknüpfen.

Mein ohnehin längst gefaßter Plan, nach Hamburg zu ziehen, wurde durch all das weiter beflügelt. Gewiß, ich kannte diese Stadt fast nur aus dem Fernsehen und aus Erzählungen, aber ich wußte es immer schon: Das ist meine eigentliche Heimat.

Der Dialekt dieser Gegend war stets Musik in meinen Ohren.

Ich brauche die (zuweilen taktlose) Aufrichtigkeit dieser Menschen, deren Folklore so völlig frei ist von eroberungslustigem Getümel.

Ich verzichte gerne auf die joviale Ranschmeiße, auf die sich meine rheinländischen Landsleute, so viel zugute halten, wenn dahinter ohnehin keine echte Sympathie verborgen ist.

Ich versank schon als Kind schier im Boden vor Begeisterung, wenn Bundeskanzler Schmidt im Fernsehen sprach, bei dessen Ansichten es mir häufig grauste, der aber unentwegt mein Ideal verkörperte: den geradlinigen, hanseatischen Weltbürger, der unser Volk im Ausland weder durch ein geschmackloses Fluidum lächerlich machte noch dadurch, daß er seine eigene Muttersprache nicht korrekt beherrschte (– einmal ganz abgesehen von Fremdsprachen!). Wie so viele andere, sind auch diese Tugenden inzwischen restlos aus der Politik verschwunden.

Das vielleicht wichtigste Motiv für meine Auswanderungspläne – die taktisch äußert unklug schienen – war jedoch meine Dekadenz. Ich wollte in der schönsten Stadt Deutschlands leben.

Nun bin ich mir darüber im Klaren: es gibt dort allerhand zentral gelegenes, gut sichtbares Elend – in St. Pauli und rund um den Hauptbahnhof. Es gibt Bürgerlichkeit in Reinkultur und Randgebiete von würgender Trostlosigkeit.

Aber in keiner anderen Stadt ist all dies so dicht beisammen, sind die verschiedenen Kräfte so perfekt ausbalanciert. Nirgendwo sonst kommt man in derartig verschiedene Welten, kaum daß man nur wenige Stationen mit der U-Bahn zurücklegt.

KNUT
DIE AKTIEN STEHEN SCHLECHT. ICH BRAUCHE GELD, UND ZWAR BALD.
TEXT: MONTY ARNOLD
ZEICHNUNG: AXEL AHRENS
NA, DEN MÜSSTE I
DOCH AUSNEHMEN KÖNNEN…
SEUFZ.
NIMM DIR DEIN ÖDES LEBEN NICHT SO ZU HERZEN, ALTE SEEGURKE. WAS BEDRÜCKT DICH? MIR KANNST DU'S DOCH NUN WIRKLICH SAGEN!
ACH, DEN MOND MÖCHT' ICH GERN MAL BESUCHEN!
JETZT MUSS ICH MIR ABER SCHNELL WAS AUSDENKEN…
ÄH, DEN MOND? NA, WENN'S WEITER NICHTS IST.
SOLL DAS HEISSEN, DU KANNST MICH AUF DEN MOND SCHICKEN?!
KLARE SACHE. ABER ES KOSTET NATÜRLICH EINE KLEINIGKEIT.
UND SO…
WEHE, WENN DAS FÜR DEN PREIS NICHT FURCHTBAR LUSTIG WIRD!
WART'S AB
SCHEPPER
RUMPEL
DIPUMPEL
WIR SIND DA!

DAS IST EINE VERLASSENE MONDBASIS.
DIESE ÖDNIS! DIESE TROSTLOSIGKEIT! DIESER LEICHTE URIN-GESTANK! SO IDYLLISCH HAB ICH'S MIR GAR NICHT VORGESTELLT!
ÄH, WOLL'N WIR WIEDER ZURÜCK?
ABER NUN WARTE DOCH MAL. DAS MUSS ICH GENIESSEN. DAS IST JA WIE ZU HAUSE.
WAS IST DAS?
DIE ERDE NATÜRLICH... SIE IST GAR KEIN BLAUER PLANET... WIE IMMER GESAGT WIRD... SKANDALÖS, NICHT?
OJA!
ZURÜCKBLEIBEN, BITTE!
DIEBSTEICH
DAS MUSSTE DOCH IRGENDWANN PASSIEREN. WIE KONNTEST DU NUR GLAUBEN, DASS DU DAMIT DURCH-KOMMST?!
SAG DAS NICHT, MANCHMAL KOMMT HIER STUNDENLANG KEINE BAHN.

Rezitation aus der Storyline einer Seifenoper: „...Patricia wiederum hat erfahren, daß Marmaduke gar nicht ihr wirklicher Sohn ist, sondern die Tochter von Crusher Creel, die eine Geschlechtsumwandlung hinter sich hat und Anteile an einer Geschirrückgabe in Montana hält. Daraufhin kommt es zum Bruch...“

Stairway to the Snobs

Im Alter von 22 Jahren fing Monty in der kellerfarbenen Hinterwelt von St.Pauli von vorne an, am Neujahrstag des Jahres 1989. Dabei kam es ihm gerade recht, daß er bei seinem letzten Besuch in Hamburg dem Schauspieler Ernie Reinhardt begegnet war. Der wiederum hatte unlängst mit seinen Kollegen von der „Familie Schmidt" ein Varietétheater auf der Reeperbahn eröffnet. Diese Gruppe (Eigenwerbung: „Aufrecht, deutsch, homosexuell") war aus der Hamburger Schwulenbewegung hervorgegangen, legitime Nachfolgerin so klangvoller Formationen wie „Brühwarm" oder des „Tuntenchores".

Das „Schmidt-Theater" sollte bald eine Goldgrube und eine Legende werden, aber zum damaligen Zeitpunkt glaubte daran noch niemand.

Bereits am 20. Januar hatte Monty den ersten Auftritt in der allwochenendlichen Mitternachtsshow.

Mein Einstand auf dem Kiez lief prächtig, obwohl das Publikum sonst auch schon mal brüllte oder mit Bierflaschen warf, wenn ihm was nicht paßte.

Im Laufe meines Acts parodierte ich eine Lieblingsfigur aus meiner Kindheit, die Blaue Elise aus der Serie „Der rosarote Panther". Es handelte sich hier um einen prinzipiell glücklosen Ameisenbären, der die Ameise Charlie buchstäblich vernaschen möchte. Die Synchronfassung wartete mit einer Frauenstimme auf, was die Sache erheblich komischer machte, denn im Original war die Figur ein Männchen gewesen.

Diese Serie war damals seit Jahren nicht mehr gezeigt worden und „Elise" in der Erinnerung der meisten Zuschauer regelrecht verschüttet. Als ich nun angefangen hatte, die Geschichte zu erzählen, kam mir plötzlich eine ganz unerwartete Woge dankbarer Rührung entgegen. Es breitete sich eine Stimmung aus, als hätte ich einem Saal voller Menschen mit wenigen Worten einen riesigen Brocken der eigenen Kindheit wiedergeschenkt – ein unbeschreiblicher, völlig einzigartiger Moment.

Mir war, als könnte ich die Augen der Menschen leuchten sehen!"

DU MUSST DEN TATSACHEN INS AUGE SEHEN!
DAS WÜRDE ICH GERN, ABER DU STEHST MIR IM LICHT. IM ÜBRIGEN DÜRFTEST DU MIT EIGENEN PROBLEMEN GENUG ZU TUN HABEN...
SPRÜH
ZISCH
ALSO VERPISS DICH, UND BEZAHL DIE KOLLEGEN AUS!
DUMMES ARSCHLOCH!
DIE VORSTELLUNG BEGINNT:
KLINGELING, HIER KOMMT DER EIERMANN!
WIR MACHEN WEITER MIT 'NER TRANSE AUS'M OSTEN. SEID NICHT SO HART ZU IHR. SIE IST NATÜRLICH MIT WESTLICHER PLAYBACK-TECHNIK NOCH NICHT SO VERTRAUT!
DIE PANASONIC-NIEDERLASSUNG IN LEIPZIG WARTET NOCH AUF EIN GÜNSTIGES BAUGRUNDSTÜCK. MACDONALD'S WAR MAL WIEDER SCHNELLER!
NEIN, IST DER KOMISCH!
RÜLPS!
NA, WIE ISSES?
ICH SEH SCHON. DAS WIRD HEUTE WIEDER NICHTS!
I WANNA BE LOVED BY YOU..
ICH LANGWEILE MICH! WARUM BRICHT DENN KEIN FEUER AUS?
WIR KÖNNEN'S UNS NICHT LEISTEN!
...NOBODY ELSE BUT YOU..
KNACKS!
...ELSE BUT YOU
KNACKS!
...ELSE BUT YOU
KNACKS!

HU!
?
KNACKS! ELSE BUT YOU KNACKS! ...ELSE BUT YOU KNACKS! ...ELSE BUT YOU..
KNACKS! ..ELSE BUT YOU.. KNACKS!
KNACKS ..ELSE BUT YOU KNACKS ..ELSE..
21
MEINE FREUNDIN HEISST HEIDELORE!
TOS · BRÜLL · JUBEL
DAS HAT NOCH JEDEN SKINHEAD UMGEHAUEN!
OCH HUST GOTT...
SO... UND WEITER GEHT'S IN UNSERER MITTERNACHTSSHOW!
BUUUH!
SCHIEBUNG! WIR WOLLEN DIE LUSTIGE OMA SEHEN!!
25

Corny Littmann war Ernies langjähriger Bühnenpartner und der eigentliche Herr im Hause. Er umgab sich grundsätzlich gerne mit der Aura eines klassischen Bösewichtes der viktorianischen Bühne, der jede Art von Liebenswürdigkeit verabscheute.

Es ist in Hamburg – einer Stadt, die mit Kultur noch nie was am Hut hatte – leider notwendig, daß sich Künstler mit Ideen ihre eigenen Theater bauen – was nun wirklich nicht ihre Aufgabe ist. Vor diesem traurigen Hintergrund waren die Leistungen von Corny und seinen Recken immens.

Ernie war im Gegensatz zu Corny in seinem Auftreten immer etwas süßlich, leidend, kränklich und sehr darauf bedacht, von allen gemocht zu werden. Er erwies sich als der größere Könner, wenn es um die Arbeit auf der Bühne ging. Wo sich Corny auf die internationale Verständlichkeit eines Rülpsens und eines betont ungepflegten Äußeren verließ, brillierte Ernie mit einfühlsamen Porträts loser Mädchen und alter Schachteln – aber auch seine männlichen Bühnenpersönlichkeiten überzeugten. Sie waren präzise, ungemein anrührend – und nicht selten saukomisch.

Praktischerweise bezog ich ein Zimmer auf der anderen Straßenseite – mit Blick auf die Davidswache – und konnte nun häufig kurzfristig einspringen, wenn ein Mitglied der nicht durchweg professionellen Künstlerschar ausblieb.

Bald durfte ich die Show sogar moderieren, um mich herum eine Menagerie aus Akrobatik, Gesang, Travestie und schmutzigen Limericks, die einen enorm frischen Wind durch die Amüsierlandschaft blies.

Hier lernte ich zahllose Kollegen aus Hamburg und anderswo näher kennen: Olivia Jones, Norbert & die Feiglinge oder Michael Kleiber (den Erfinder der Manta-Witze), um nur einige zu nennen. Auch den verstorbenen Effi Effinghausen habe ich hier zum ersten Mal getroffen, Mitbegründer des Hamburger Café Gnosa und einer der prachtvollsten Chansonniers von allen.

Als Zuschauer war es mir endlich vergönnt, Georgette Dee live zu erleben, von der ich schon allerhand gehört hatte. Ich hatte bei einem früheren Hamburg-Besuch bereits die Vorpremiere des hauseigenen Eröffnungsprogrammes erleben dürfen, „Sag bitte, und ich sing!", das Georgette und ihren langjährigen Pianisten Terry Truck mit Ernie und Corny vereinte. Bis heute zählt dieses Programm zu den ganz großen Theater-Ereignissen meines Lebens.

Georgette Dee hat etwas fertiggebracht, was es vorher so nicht gegeben hatte – und das wird heute gern vergessen, da mittlerweile unzählige talentlose Schwuchteln aus dem Unterholz des Nachtlebens hervorgekrochen sind, die diesen Stil nachahmen: die Verbindung an sich unerträglich sentimentaler Chansons mit einer spöttischen Distanz zum eigenen, persönlichen Drama. Durch ihre Geschichten stellte Georgette eine völlig neue Nähe zwischen Star-Diseuse und Publikum her, sie entriß das Chanson dem heulsusigen Diktat der Piaf-Epigonen – und das, ohne jemals zynisch zu wirken oder ihre Selbstironie nur billig vorzugaukeln.

Auch die nachfolgende Hausproduktion des „Schmidt" wurde für mich so etwas wie ein persönlicher Klassiker. Es war ein Programm aus Anlaß des 800. Hafengeburtstages mit dem Titel „Blaue Jungs", die Geschichte der (fiktiven) gleichnamigen Pension auf der Reeperbahn. Dabei handelte es sich um eine unerhört unterhaltsame musikalische Klamotte, die von der Presse als „Ohnsorg-Theater für Abiturienten" bezeichnet wurde, was auf die Schnelle eine ganz treffende Beschreibung ist.

Ernie Reinhardt kreierte für dieses Stück die Figur der knapp 100jährigen Tonfilmdiva Lilo Wanders, die 2000 Filme auf dem Buckel hatte und recht garstig zu ihren Mitmenschen sein konnte...

Das „Schmidt" war gerade ein Jahr alt geworden, da tauchte das Fernsehen auf, und damit brachen umgehend andere Zeiten an.

Auf N3 wurde eine TV-Version der Mitternachtsshow ins Leben gerufen. Der zuständige Redakteur war nicht mehr der jüngste und wollte es noch einmal allen zeigen. Das Ergebnis mußte den Kenner der Bühnenfassung zwar ein wenig enttäuschen, aber der Zuschauer daheim konnte nun Schwule gucken, ohne sich auf den Kiez bemühen zu müssen, und die Einschaltquoten waren ermutigend.

Durch die erfolgreiche Plazierung der Sendung auch in den übrigen Dritten Programmen, wurde das „Schmidt" zu einem bundesweiten Begriff – außerhalb Bayerns natürlich, denn die schalteten sich bei diesem empörenden Spektakel aus Götzendienst und Prasserei selbstredend aus.

Der große Fernseherfolg führte – wie sich das gehört – zu einem raschen Ausverkauf der alten Ideale. Auch in der Umsetzung zerbröselte jeder Idealismus. Zum Schluß war die Show so abgeschmackt, daß die „Werbung in schwuler Sache", derer sich Corny Littmann unaufgefordert mit dem Feingefühl eines verdrängenden Tumors angenommen hatte, gewaltig nach hinten losging. Damit wurde die große Chance vertan, etwas zu schaffen, was bis heute fehlt. Das ärgste Versäumnis des verantwortlichen Redakteurs liegt aber in dem Umstand, daß er es abgelehnt hat, die unwiederholbaren „Blauen Jungs" für das Norddeutsche Fernsehen mitzuschneiden und somit für künftige Zuschauergenerationen zu erhalten. (Seine Begründung: das Wort „Ficken" kam drin vor.)

Aber das Geschwätz von gestern interessierte die Helden dieses beispiellosen Husarenstreiches inzwischen eh nicht mehr.

Corny feierte die Eröffnung eines noch größeren Schmidt-Theaters. Ernie war hingegen der einzige aus der Fernseh-Truppe, der es zu einer soliden TV-Karriere bringen sollte – als Lilo Wanders in der Sendung „Wa(h)re Liebe", eine etwas heruntergefahrene, menschlicher gestaltete Lilo Wanders, die mit dem bösartigen Schrumpelmonster aus den „Blauen Jungs" nur mehr den Namen und den Darsteller gemein hatte.

Da ich mich nicht mehr auf die gelegentliche Teilnahme an der traditionellen Show am Wochenende beschränken wollte, ging ich folgerichtig meiner Heimatbühne verlustig – und nicht nur der. In diesem – meinem zweiten – Jahr in Hamburg, geriet mein privates und berufliches Leben auch sonst ziemlich unter die Räder. Zum ersten Mal seit meinem Eintritt in diesen Beruf, verstrich ein ganzes Jahr, ohne daß ich ein einziges Projekt verwirklicht hatte.

Was ich in dieser Zeit vor allem kapierte, war dies: Es ist eine ziemlich miese Branche, in die ich mich da begeben hatte. Böse Mächte sind am Werk in dieser Klärgrube voller Trümmer und Leichen, in der pausenlos geschubst, getreten und unter Wasser geschossen wird, diesem Hort der Opportunten und Brunnenvergifter!

Sie werden's nicht glauben, aber das war mir bis zu diesem Zeitpunkt noch gar nicht aufgefallen.

Viel wichtiger aber war, daß ich endlich den albernen Plan begrub, ein großer Stückeschreiber zu werden und mich wieder meiner Solotätigkeit widmete.

Zuvor verarbeitete ich jedoch meine Sicht der Kulturrevolution auf dem Kiez in dem Buch „Das Gespenst von St. Pauli", das Peter Mrozek zeichnerisch umsetzte und dessen Erstauflage von 2000 Stück in drei Tagen verkauft war.

BahnCards from the Edge

Für Monty begann nun die große Zeit des Tingelns und Tourens, der regelmäßigen Auftritte auf traditionellen Kleinkunstbühnen wie dem Mainzer „unterhaus" oder der Kölner „Filmdose", auf Festivals und in diversen Fernsehshows – aber auch in Scheunen, Garagen, Gefängnissen und sonstigen miesen Verschlägen, die vom jeweiligen Veranstalter etwas beschönigend als Bühne ausgelobt worden waren.

Dazwischen hatte er erstmals die Möglichkeit, seine Sammlertätigkeit beruflich auszuwerten.

Der NDR-Musikredakteur Rainer Wulff ließ mich vier Jahre lang eine Sendung mit klassischer Filmmusik redaktionell betreuen und moderieren, ein ganz seriöses Format mit fachlicher Analyse, viel schwerem musikalischem Burgunder und ganz ohne Witzchen. Damit erfüllte sich für mich ein Herzenswunsch, der bis heute nur von dem Traum übertroffen wird, solche Musik einmal dirigieren zu dürfen.

Mir wurde sogar ein Kollege von der gleichen Welle zur Seite gestellt, um meine Sendungen zu „fahren" – sprich: die Platten für mich aufzulegen –, weil ich das ungern selbst tun wollte. (Sie machen sich keinen Begriff davon, wie umständlich die Abspielgeräte in ARD-Anstalten zu bedienen sind...!) Dieser Kollege war kein Geringerer als der schon damals unerhört gutaussehende Axel Bulthaupt, der bald die Konsequenz aus seinen Möglichkeiten ziehen und zu einer fulminanten TV-Karriere aufbrechen sollte. Wir konnten uns ganz gut leiden, obwohl er – kaum war das Mikrofon geschlossen – mit religiöser Inbrunst verbalen Unrat auf meine Lieblingskomponisten ausschüttete. Aus Anlaß des Titels „The Map Of Jerusalem" von Alfred Newman (eines besonders schönen Stückes!), suchte er sich sogar ein unfreundliches Zitat aus der lyrischen Literatur heraus.

Wer Filmmusik-Tonträger sammelt, kennt das Problem: Auf den Platten und CDs sind fast nie die Aufnahmen zu finden, die man im Film zu hören bekommt (– bei meiner Songdarbietung im „Bewegten Mann" sollte ich das noch am eigenen Leibe zu spüren bekommen...). Daher wurde ich zu dieser Zeit auch zu einem emsigen Restaurator alter Filmmusik-Tonspuren. Mit einer der Soundtrack-Suiten, die ich zu diesem Zwecke auf meiner privaten Tonbandmaschine herstellte, gelang mir ein wahrhaft historischer Erfolg.

Neben dem „Rosaroten Panther" ist die Musik zu den „Miss Marple"-Filmen sicherlich die beliebteste Filmmusik überhaupt. Trotzdem war sie nie auf Tonträger veröffentlicht worden – abgesehen von einer längst vergriffenen Single Mitte der 60er Jahre.

Auf meinem Lieblingsspielzeug – einer professionellen Tonbandmaschine – hatte ich sämtliche Musikeinsätze aller vier Miss-Marple-Filme von Videocassetten herunterkopiert und zu einer knappen Dreiviertelstunde zusammengefügt.

Mein alter Saarbrücker Arbeitgeber (der Filmmusik-Händler, auf dessen Gästesofa ich in die neue Welt aufgebrochen war), war inzwischen an dem Soundtrack-Label X beteiligt. Er schickte dem Komponisten Ron Goodwin nun eher spaßeshalber meine Version.

Wie Goodwin mir später erzählte, hatte er gar keine Ahnung mehr davon, daß er für diese Serie überhaupt soviel komponiert hatte. Auch die Partituren besaß er längst nicht mehr, denn Fotokopierer waren Anfang der 60er Jahre noch keine Selbstverständlichkeit. Im übrigen war das ganze ja auch nur ein Job gewesen, einer von vielen. Und im Vertrauen: Er mochte diese Musik selbst nicht besonders. Als er aber nun eher beiläufig seinen Freunden und Kollegen von meinem Band erzählte, hätten alle augenblicklich ganz begeistert zu singen und zu pfeifen angefangen.

Das überzeugte ihn schließlich davon, daß die Zeit reif sei, dieses herrliche Matarial endlich zu veröffentlichen.

Ich war dabei, als er 20 Minuten Miss Marple für eine CD einspielte. Die Sessions fanden in Dänemark statt, wo er als Dirigent von Sinfoniekonzerten große Popularität genießt. Ein paar Fans aus Deutschland und den Niederlanden hatten Wind von der Sache bekommen, und während Goodwin die Aufnahmen abmischte, was ein enorm ermüdender Vorgang ist, scharten sich einige von ihnen noch immer hartnäckig um ihn. Irgendwie schaffte er es scheinbar mühelos, die Stimmung angenehm zu halten und trotzdem konzentriert weiter zu arbeiten. Belohnt wurde er mit einer CD, die sich dann auch prächtig verkaufen sollte. Ich ver-

An und für sich eher ein Freund der schärferen Spirituosen, erliege ich oft dem Gruppenzwang. Meine Saufkumpane sind Matthias Beltz und Mathias Richling.

Monty Arnold beim Vortrag des „Original Motion Picture Soundtrack" zu „Der bewegte Mann".

diente zwar nichts daran, aber ich durfte die Texte für das Booklet verfassen, und Mr. Goodwin lobte mich „You know my music better than I do!"

Der Kabarettist Mathias Richling den ich auf einer Gala kennenlernte, wurde zu einem besonders lieben Freund und guten Ratgeber. Gerade auch in rechtlichen und finanziellen Fragen höre ich ihn oft und gern, und das ist nebenbei auch viel amüsanter, als diese Sachen in Büchern nachzulesen.

An und für sich lege ich den Begriff „Kollegen" sehr großzügig aus. Ich meine damit alle, die im weitesten Sinne professionell für ein Publikum arbeiten – solange ich damit niemandem zu nahe trete…

Meine Verbindung zu dem Zeichner Axel Ahrens blieb eine hauptsächlich Private. Ich persönlich finde, daß unsere Arbeiten zu dem Besten gehören, was die farbenfrohe Hamburger „Comixene" zu bieten hat – aber damit stehe ich in der Regel allein auf weiter Flur, zumindest was die Lektoren dieser Branche betrifft. (Einige unserer Geschichten für die Berliner Monatsschrift „Männer aktuell" sind in diesem Buch zu bestaunen.)

Einer, der Axel und mich häufiger abgelehnt hat als irgend jemand sonst, ist der Cheflektor des Carlsen-Verlages. Er machte mich in einer Hafenspelunke aber mit Ralf König bekannt, der nicht nur unser derzeit größter Comic-Künstler ist, sondern auch der wundervollste Mensch, den man sich vorstellen kann. Ralf war in den letzten Jahren – schon wieder so einer – aus der rein schwulen Kulturlandschaft heraus zu einem Liebling der breiten Masse geworden. Bei der Verfilmung seines Erfolges „Der bewegte Mann", im Mai 1993 in Köln, durfte ich mich sogar selbst spielen.

Als ich den Regisseur Sönke Wortmann kennenlernte, fragte er mich scherzhaft, ob ich denn auch alle seine Filme gesehen hätte. Eigentlich nicht, meinte ich. Nun ja, einen schon – „Kleine Haie" – aber ein Kenner seiner Arbeiten sei ich nicht gerade. „Ich mag amerikanische Filme lieber!" meinte ich. „Ich auch", antwortete er.

Im Film sollte ich auf einer Party einen Tonfilmschlager vortragen. Dabei wurde ich von einem meiner Stamm-Pianisten, Dr. Bertie, unterstützt. Die Dreharbeiten fanden im „Bel Air" statt. Der Hochsommer war soeben ausgebrochen, und zusammen mit den Scheinwerfern verwandelte er den niedrigen Bunker in ein wahres Treibhaus. Darunter hatten besonders die zahlreichen Komparsen zu leiden, tapfere Kölner Szene-Schwestern, allesamt in unbequeme, aufwendige Fummel und Leder-

Flüchtige Berührungen mit Hollywood: Monty Arnold und Rainer Bielfeldt mit zwei großen Kollegen im Jazzkeller „Giesskanne“ bei „Madame wünscht kein Aufsehen“.

Zum Tee bei „Fantomas“ – ein wirklicher Monsieur voll Charme und Herzensgüte!

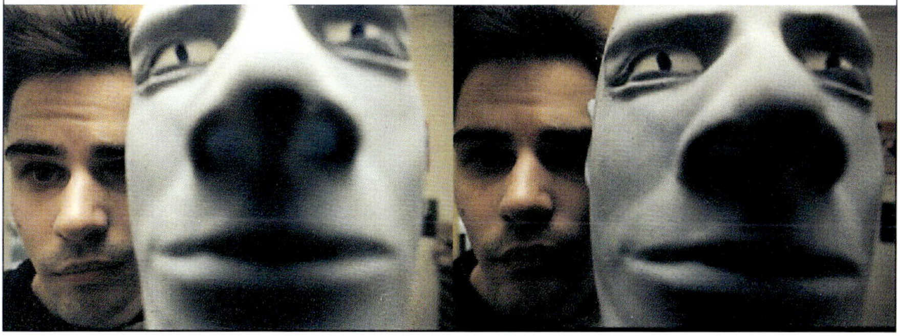

Accessoires gezwängt. Nun muß man korrekterweise anmerken, daß auf einer privaten Schwulenfete niemals auch nur ein annähernd farbenfroher Bekleidungsaufwand getrieben wird, und das ist bezeichnend für die Art und Weise, in der sich der Film von der Buchvorlage entfernt. Im Comic hatten auf sehr pfiffige Weise die Heterosexuellen die Rolle der Exoten eingenommen.

Leider war es mir nicht erlaubt, den Song für meinen Act selbst auszusuchen. Da Max Raabe und sein Palast-Orchester die musikalischen Stars des Films waren, mußte ich einen Titel aus seinem Repertoire übernehmen: „Mein Gorilla" – und natürlich landete nur seine Fassung auch auf der Soundtrack-CD.

Ich habe Ralf aber hinsichtlich der Besetzung der männlichen Hauptrolle kräftig beschwatzt. „Findest du wirklich?" meinte er. „Ich finde, dieser Til Schweiger sieht so listig aus!"

Mag sein, aber das macht ja nichts, wie wir heute wissen.

Aber zurück zur Bühne, Montys nach wie vor wichtigstem Betätigungsfeld.

Den größten Raum sollen in diesem Zusammenhang seine Pianisten einnehmen, die bei aller Verschiedenheit gemeinsam haben, daß sie seine sehr klar formulierten Wünsche, was Musikauswahl und Arrangement angeht, akzeptieren. Das ist sicher nicht immer leicht für sie, denn prinzipiell war und ist jeder einzelne von ihnen auch als Komponist aktiv. Nur Rainer Bielfeldt, mit dem Monty Anfang der 90er zwei Jahre lang unterwegs war, hat gelegentlich seine Texte vertont. Den Song „Intercity" nahm er sogar in sein eigenes Repertoire auf.

Das geplatzte Saarbrücker Abschiedsprogramm „Orpheus in der Einbauküche" wurde 1991 unter der Mitwirkung von Florian Noack nachgeholt, der persönlich sehr sanftmütig wirkt, an den Tasten jedoch ein unbeschreibliches Temperament entfaltet. Die meditative Musik zu diesem Programm basierte auf David Shires Soundtrack zu dem Coppola-Frühwerk „Der Dialog".

Das war nun eher ein Theaterstück als ein Soloprogramm, und ich war mir dieser Besonderheit auch angesichts meiner fehlenden Schauspielausbildung bewußt. Es gab hier auch kaum Songs, die den Monolog für mich strukturierten, und so war es die größte Schwierigkeit für mich, im Text keine Fehler zu machen. Ich belohnte mich für meine Mühen mit einer Fantomas-Parodie am Ende des Abends. Die Fantomas-Filme mit

Keine Berührungsängste mit der Sesamstrasse: Monty und Bertie (Hans Peter Reutter)

Louis de Funès waren in meiner Kindheit eine wahre Sensation gewesen. Die ganze Schule sprach davon. Es gab damals auch – recht einfache – Masken dieses Superverbrechers bei einem Spezialversand. Da mein altes Exemplar längst zu Staub zerfallen war, machte ich mich nun auf die Suche nach diesem Händler, um für mein Programm ein neues zu bestellen. Zu meinem Leidwesen stellte sich heraus, daß dieser Versand sich inzwischen auf verferkelten Nippes spezialisiert hatte. Also beauftragte ich zwei Maskenbildner, mir eine Luxusausführung dieser Zweitvisage anzufertigen, die vom Original wirklich nicht mehr zu unterscheiden war.

Nun konnte ich – angemessen präpariert – das Finale meines Psychodramas nutzen, um ein Szenario der Verwüstung anzurichten. Danach verabschiedete ich mich mit einem Gedicht von Percy Shelley und verzichtete sowohl auf ein Happy End als auch auf eine klassische Schlußnummer, die mir Gelegenheit gegeben hätte, diese krause Geschichte zu erklären oder mich für die vielen Toten zu entschuldigen. Dieses Experiment wurde vom Publikum unerwartet positiv aufgenommen, die Presse war eher dagegen. Was soll's – es war ohnehin im Rahmen eines Comedy-Repertoires schwer zu verkaufen, und ich habe es bald wieder eingemottet.

Der auffälligste von Montys Begleitern ist zweifellos Dr. Bertie (bürgerlich Hans Peter Reutter). Diese Partnerschaft begann bereits Ende 1989. In einer Branche, in der gute Pianisten Mangelware sind, hatte Monty das Glück, gleich mehrere erstklassige Kräfte parallel beschäftigen und ihren besonderen Fähigkeiten entsprechend einsetzen zu können.

Bertie war der beste Mann, wenn es um Komödie und Klamotte ging, wie nicht nur die „taz" erkannte: „Mit seiner glockenhellen Nachtigallenstimme leistete er auch einen Beitrag zur akustischen Umweltverschmutzung. Ganz zu schweigen von seiner optischen Präsenz, stimmungsvoll abgerundet durch zum Klavier passende honiggelbe Polyester-Söckchen". Als „bizarr" pries ihn die „Mainzer Rhein-Zeitung" und komplettierte die Beschreibung seines Outfits: „Hochwassercordhose, Seitenscheitel und Hornbrille". Ein anderer Rezensent hob hingegen Berties „überraschende Einlage als Krümelmonster" hervor.

Aus dieser Zusammenarbeit gingen u.a. die Programme „Alexis darf nicht sterben" (1992), und „Der Rest ist für Sie" (1994) hervor. Bertie übernahm aber auch die Nachfolge Rainer Bielfeldts in „Madame wünscht kein Aufsehen" (von 1991), in der parodistisch 40 Figuren aus

Das erste Plakat von Emmi und Bertie – eine Zeichnung von Monty Arnold *alten Filmen und TV-Serien in einen Mordfall verwickelt wurden, bearbeitete und spielte diverse Spezialprogramme, war gleichzeitig mit einem eigenen Duo unterwegs:*

„Emmi und Bertie". Die Figur des Dr. Bertie war hier die gleiche, ihr zur Seite stand der aus Celle stammende Bibliothekar Christoph Dompke, der als Kammersängerin Emmi Hempel-Bertie auftrat, des Doktors Gattin. Dennoch konnte man das Ganze nicht reinen Gewissens unter „Travestie" rubrizieren – schließlich waren die Gesangstexte in aller Regel Eigenkreationen, die auch noch live vorgetragen wurden, überaus skurrile Geschichten wurden darum gewoben, andererseits fehlte der auf tragische Tapferkeit gebürstete Gestus der meisten Travestie-Persönlichkeiten völlig. Emmi und Bertie traten in ihren hinreißenden Shows als Rentnerehepaar des Bühnenbetriebes auf, das es in all den Jahren seiner Tätigkeit zu nichts gebracht hatte. Erstaunlicherweise wurden sie von echten Senioren im Publikum stets als Artgenossen akzeptiert...

Die beiden übernahmen meine schlechte Angewohnheit, pro Jahr mindestens ein neues Programm herauszubringen. Auf diese Weise rieben sie sich ziemlich auf – in rascher Folge entstanden die Shows „Abendverstimmung durch Emmi und Bertie", „Don Carlos' Tante", „80 Jahre im Beruf" und „Nichts wie heim!". Der Fleiß zahlte sich insofern nicht aus, als sie mit der unkooperativen Haltung vieler Veranstalter trotzdem sehr zu kämpfen hatten, die keine Schublade für ihre Künste finden konnten – und auch da ging es ihnen nicht anders als mir in meinen ersten Jahren. Das üppige Repertoire hatte aber immerhin den Nebeneffekt, daß sich die beiden rasch zu ausgebufften Bühnenprofis entwickelten.

Emmi sollte ab 1997 unter der Regie und Autorenschaft von Thomas Hermanns zu einer Solotätigkeit aufbrechen, und auch Bertie wandte sich zunehmend anderen Projekten zu.

Ein besonders aufwendiges Projekt von Monty und seinem Begleiter Bertie führte zu einer Zusammenarbeit mit verschiedenen Kollegen aus der Hamburger Szene, darunter das Duo „Herrchens Frauchen" (Deutscher Kleinkunstpreis 1991) und der Kabarettist Lutz von Rosenberg Lipinski. Es entstand eine Art Musical für das '93er Sommerprogramm der Hamburger Kampnagelfabrik, das sich um das Thema Kultursponsoring drehte, Titel: „Mauschelei auf der Bounty". Im Anschluß an die

Monty Arnold und Gunter Schmidt beim Soft-Shoe in „Mauschelei auf der Bounty“

Aufführungen zogen die Kollegen die Konsequenz aus der schon erwähnten heiklen Hamburger Theatersituation und gründeten im Univiertel eine eigene Bühne, die „SchlapplacHHalde".

Die Aufgaben, die mit der Führung eines eigenen Theaterbetriebes einhergehen, wurden unter uns aufgeteilt. Mir oblag die Öffentlichkeitsarbeit, sprich: das Tyrannisieren uninteressierter Lokalredaktionen und das fortwährende Kontrollieren der Arbeit seniler Anzeigenfuzzis. Nun lasteten plötzlich die Verantwortung und die organisatorischen Anforderungen eines ganzen Spielplanes auf mir. Von vornherein wußte ich, daß mich diese Arbeit quälen würde, denn schließlich betrachte ich in erster Linie das Auftreten als meine Aufgabe und erledige natürlich meine persönliche Büroarbeit. Alle fernöstliche „Scheiß-drauf-Technik" verhinderte nicht, daß ich langsam ernsthaft depressiv zu werden begann. (Buchstäblich am ganzen Körper bildeten sich unzufriedene Gesichter...) Schon bald entschloß ich mich, die Mitarbeit an diesem Projekt wieder aufzugeben – das ehrenamtliche Tun hatte sich als Fulltimejob entpuppt. Ich setzte eine halbjährige Frist für meinen Ausstieg, denn schließlich konnte ich den Kollegen ja nicht alles vor die Füße werfen. Meinem Organismus reichte das nicht. Ein doppelseitiger Hörsturz riß mich von meinem Posten. Üblicherweise beklage ich mich nicht über Dinge wie „Streß" oder einen vollen Terminkalender – es war die völlige Freudlosigkeit dieses Tuns, die mich umgeschmissen hatte.

Ein weiterer Kollege wurde für Monty zu einer zentralen Figur – obwohl die beiden nur sehr gelegentlich miteinander auf der Bühne gestanden haben.

Schon bald nach seinem Eintreffen in der Hansestadt, meldete sich telefonisch eine Stimme, die sich als Joe Luga vorstellte. Dahinter verbarg sich ein Chansonnier und Entertainer (Jahrgang 1920), der es auf seinem Wege u.a. mit Friedrich Hollaender und Rudolf Nelson zu tun bekommen hatte und den aufmerksame Zuschauer noch aus der Unterhaltungssendung „Die himmlischen Töchter" in Erinnerung hatten.

Abgesehen davon, daß seine Auftritte immer wieder einen Heidenspaß machen, ließ ihn seine natürliche Neugier in bezug auf alles Kulturelle in Hamburg zu einer Art Kontaktbörse für bestimmte Kreise werden, und dafür kann man ihn nicht hoch genug preisen. Durch ihn gelangte ich nicht nur an zwei meiner besten musikalischen Begleiter (Sören Sieg und Rainer Bielfeldt), es ergaben sich auch freundschaftlich/kollegiale Kontakte vor allem zur Damenwelt (hier sind an erster Stelle Lili Walzer, Nana Gualdi und Annette Meyer zu nennen). Na ja, und die vielen blutrünstigen Geschichten, die er so über die deutsche Unterhaltungsindustrie der jungen BRD zu erzählen hat. Leider schätzt er es nicht, daß man die Sachen heimlich mitschreibt…

Zwei Säulen der deutschen TV-Unterhaltung im Land der unbegrenzten Möglichkeiten: Monty Arnold und Christian Kahrmann.

The Doom Box

Ich halte das Fernsehen für mißbraucht, überschätzt und in seiner Anwendung heikel. Man könnte so viel Freude mit dieser verblüffenden technischen Erfindung haben, aber mir begegnet kaum jemand, der nach dem spontanen Durchstöbern seiner 30 Kanäle irgendwie fröhlich aussieht. Wenn man eine Videocassette zur Hand hat, legt man sie ein, gehört man nicht zu den Glücklichen, kann man nur von den herrlichen Zeiten träumen, als es nur zweieinhalb Programme gab und wir trotzdem immer bestens mit allem versorgt waren, was wir wollten.

Schon wieder so ein kulturpessimistischer Jammerlappen, werden Sie jetzt sagen. Recht haben Sie. Aber mein Gejammer hat Hand und Fuß. Doch! Ehrlich! Passen Sie auf!

Wenn eine Sendung produziert worden ist, wenn sozusagen die fertige MAZ auf dem Tisch liegt, dann gibt es bis zu hundert Personen, die das Ergebnis schon kennen. Die Redaktion kennt es, außerdem die Sekretärinnen, die an der Umsetzung beteiligt waren usw. Das Dumme ist nur: Niemand freut sich. Der Autor ist beleidigt, weil der Regisseur seine Texte gekürzt hat, der Regisseur ist gekränkt, weil der Chefredakteur zuviel reingeredet hat, der Chefredakteur ist sowieso unzufrieden, weil er insgeheim viel lieber alles selbst machen würde, die Schauspieler neiden einander gegenseitig ihre Textmenge und sind sauer, weil ihnen ihr Stolz verbietet, das zuzugeben – kurzum: alle, die das Ergebnis bis dahin kennen, mögen es nicht.

Vom Zuschauer allerdings wird erwartet, daß er tüchtig einschaltet und begeistert ist. Angesichts dieser üblen Voraussetzungen, ist die Geduld des Publikums erstaunlich.

Abgesehen davon, erwarte ich natürlich vom Fernsehen nicht, das es mich mit Nachtigallenzungen, Pfauenhirn und Einhornzahnfleisch versorgt, aber hin und wieder ein Filmabspann – ist denn das zuviel verlangt?

Überflüssig zu sagen, daß das Fernsehen mit seinen Beiträgen zur Kulturgeschichte unseres Landes – wir wollen den gepeinigten Aus-

druck „Kult" an dieser Stelle vermeiden – ein Füllhorn an parodierbaren Sujets für Monty bereithielt. Einer der letzten großen öffentlich-rechtlichen Straßenfeger, die er regelmäßig am Bildschirm verfolgte, waren „Diese Drombuschs" – das tat er natürlich nicht ohne Hintergedanken.

„Deutschland, deine Mütter" aus „Der Rest ist für Sie" (1994)

Ursprünglich hatte es sich hier um eine vielköpfige Familiensaga gehandelt, im Laufe der Zeit verschwanden immer mehr Figuren aus der Serie – sie verloren die Nerven, starben oder gingen einfach weg, und die Geschichte wurde zum Zweipersonenstück – sagen wir: zwei Personen und ein Bauch.

Überhaupt hat Autor Stromberger hier eine ganz eigene, putzige Welt geschaffen. Entgegen böser Verleumdungen, hat er sich stets geweigert, Dritte hineinzuziehen. Er hat sogar die Resche'sche ganz alleine bewältigt, hat alles ganz alleine geschrieben, und das führt dazu, daß die Figuren alle die gleiche Sprache haben.

Der einzige, der etwas Farbe in diese Einöde bringt ist Onkel Ludwig, dieser Schelm. Manchmal wechselt er mitten in der Szene vom Hochdeutschen ins Hessische und wieder zurück. Onkel Ludwig ist der Ruhepol der Serie, aufgeschlossen, freisinnig und weltlichen Dingen zugewandt, eine Mischung aus Testbild und Schlafsack. Gleichzeitig ist er aber auch Veras schärfster Konkurrent in der hohen Kunst der Gardinenpredigt, wie z.B. in der beliebten Szene, als diese sich aus dem Hause stehlen will. Wenn in einem normalen Film jemand fortlaufen will, dann tut er das einfach – nicht so bei den Drombuschs. Hier wird das Ganze psychologisch gelöst. Um Vera herum bilden sich mehrere Koffer, und sie guckt ganz böse zur Tür. In letzter Sekunde wird sie dabei von Onkel Ludwig erwischt. Er poltert lawinengleich die Treppe herunter und baut sich um sie herum auf, um sie zur Rede zu stellen.

Onkel Ludwig: So ist es also wahr! Du gehst!

Vera: Was geht dich das an? Wen habe ich denn hier noch? Mein Sohn ist verstorben, und meine übrigen Kinder haben keine Zeit mehr für mich.

Onkel Ludwig: Und du meinst, in Darmstadt würde es dir besser gehen?

Vera: Was soll das sein, Ludwig? Ein Standgericht?

Onkel Ludwig: Vera, wenn du des machscht, vergeß isch mei gutt Stubb!
Vera: Was für eine gute Stubb, Ludwig?
Onkel Ludwig: Mei gutt Kinnästubb!

Wir ahnen schon, was alles in ihm steckt, wie explosiv er sein könnte, wenn man ihn mal alleine ließe. (Bald darauf wurde er zum Solo-Krimihelden bei SAT.1. Dies war gewissermaßen ein Freiluft-Konzept – man konnte zu diesem Zeitpunkt nämlich nur noch Außenaufnahmen mit ihm drehen – er hatte wieder zugenommen…)

Aber schon bei „Diese Drombuschs" erlebten wir, was hätte sein können. Einmal wird Vera in einer Nervenheilanstalt untergebracht, um dort verschiedene Töpfe herzustellen – eine reizende Idee, leider erst ungefähr in der vorletzten Folge – und Onkel Ludwig wirft sich wie ein Löwenbaby vor den Chef des Hauses hin, um sie freizupredigen. Der Chefarzt tut, was alle Amtspersonen bei Stromberger immer tun: er grinst unentwegt, während ihn sein empörter Besucher mit völlig neuen Erkenntnissen konfrontiert:

Chefarzt: Um es noch einmal zu sagen, Herr Strack, wir werden Frau Drombusch erst entlassen, wenn unsere Behandlung abgeschlossen ist, und keine Sekunde früher! Das sind wir unserer Patientin schuldig.

Onkel Ludwig: Psychiater? Ach wo, Vera braucht keinen Psychiater. Die muß nur in de Spieschel neigucke, und schon weiß sie, wo die Komplexe herkomme.

Chefarzt: Aber jetzt ist sie nunmal hier, und wir wissen genau, was zu tun ist! Wir sind schließlich die Fachleute!

(DAS hätte der Doktor nicht sagen dürfen – damit hat er bei Ludwig quasi den Quasselknopf gedrückt!)

Onkel Ludwig: (nimmt die Pose eines Wagner-Tenors ein) Weit hawwe mirs gebracht midde Medizin. Mir könne mit Röntgenschtrahle annere Leut in de Köbbä naigucke. Ins Herz und in die Niere. Abä in die Seel vomme annere Mensche, da gucke Sie nit enaa. Mit keim Compjuter, keiner Kamera un mit keiner Maschin aufde Welt.

Chefarzt: Mann, was Sie da sagen, das gibt mir ja wirklich zu denken.

Onkel Ludwig: Alles hat emol e End, ihr Leut. Nur die Wurscht, die is da e Ausnahm. Die Wurscht hat nemmlisch zwei Ende!

Chefarzt: A propos Wurscht, Sie könnten auch eine Therapie vertragen, mein Herr. Bei uns kann man neuerdings durch Hypnose ein paar Pfunde verlieren.

Onkel Ludwig: Sagese nix geche mein Speck! Er hält mich warm, er hat viel Geld koscht, außerdem hält er die Hoos!

Wir wissen, wie es weitergeht. Witta kommt frei – weniger wegen erfolgter Heilung als vielmehr wegen guter Führung. Sie und Ludwig enteilen in den wohlverdienten Weihnachtsurlaub, aber Oma Drombusch, immerhin Sigis Mutter, gerät unterdessen zur fetten Beute des Wahnsinns. Die Aufführung ihrer Kantate im Altersheim „Maria Juckreiz" gerät zu einem spektakulären Reinfall. Aus Verzweiflung zündet sie der Familie auch noch das Dach über dem Kopf an. Vera kehrt heim und alles liegt in Schutt und Asche. Ihre geliebte Windmühle, eine Ödnis, eine Kakophonie der Stille.

Wie gut, daß Ludwig auch jetzt bei ihr ist. Die beiden beschließen, es noch einmal gemeinsam zu versuchen.

Vera: Die Türe ist verschlossen!

Onkel Ludwig: Des macht noch nix. Reschts un links devon is doch alles offe.

Vera: Nein, ich geh nicht mehr hinein! Laß uns nach vorne schaun, und nicht zurück.

Onkel Ludwig: Wenn de meinscht. Mir zwei schaffe das schon. Mir passe vielleischt net zusammen, aber mir gehöre zesamme!

(Drombusch-Musik setzt ein)

Damit haken sich die beiden unter und watscheln gemächlich in den Abspann hinaus. Ludwig hat es nicht versäumt, Vera tröstend beiseite zu nehmen, um sie jovial anzuschubsen und ihr verschmitzt zuzuflüstern: „Die Feue've'sischerung bezahlt doch alles."

Welch unverzeihliche Gedankenlosigkeit Ludwigs – oder des Autors, der diesmal bei der Resche'sche geschludert hat!

Man stelle sich vor, was passiert, wenn Vera den Brief von der Versicherung bekommt…

„Ludwig! Du logst, als du versprachst, die Versicherung zahle alles. Sie schreibt, sie zahle nur bei Blitz und Donnerschlag, Kabelbrand und ähnlich höherer Gewalt. Von einer Großmutter wirren Geistes war nie die Rede! Wie stehe ich nun da? Was dächten die Kinder von mir, wenn sie dies lüsen?"

„Saaa bloß, du hascht denne erzählt, daß unser Oma schuld is!"

„Wenn es doch die Wahrheit ist!"

„Du dumm Dunsel. Jetz könne mer sehn, wo mer bleibe. Jetz' krien mir kei Pfennisch!"

„Dumm Dunsel nennscht du misch? Was denkscht du dir?"

„Isch nenn disch, wie's mir paßt!"

„Laß du mich auch noch im Stich! Damit liegst du voll im Trend! Damals, als Sigi starb..."

„Jetzt fang nit schunn widder damit an!"

--- aber: das ist eine andere Geschichte...

So ein Fernsehsender läßt sich mit dem Irak vergleichen, in dem vier konkurrierende Geheimdienste einander bespitzeln. Oder auch mit der SPD, die so viel Energie in ihre innerparteilichen Grabenkriege investiert, daß sie nach außen nur noch ein knappes Fünftel ihrer eigentlichen Kraft zur Verfügung hat.

Was dem Zuschauer als zusammenhängender Apparat aus Redaktionen und Werbespots erscheint, ist in Wahrheit untereinander oft fürchterlich zerstritten und für den Konsumenten überhaupt nicht nachvollziehbar. Auf einem dieser Sender gelangte eine ehemalige Größe des Saarländischen Rundfunks zu bundesweiter Bekanntheit.

Christenverfolgung aus „His Monster's Voice", (1995)

Ilona Christen hat ein Problem, daneben sehen die Sorgen und Nöte der verkrachten Existenzen in ihrer Talkrunde geradezu lächerlich aus. Sie stammt aus so einer Gegend ... also, die meisten Menschen hierzulande haben überhaupt keine Ahnung, daß diese Region überhaupt existiert. Und wer es weiß, der weiß nicht, wo sie liegt. Und wer das weiß, der versteht den dortigen Dialekt nicht. Und deshalb versteht man Ilona manchmal nicht, denn sie kommt aus dem Saarland, und das hört man auch. Sie wissen sicher, daß bestimmt Kulturvölker in Südwestdeutschland Probleme damit haben „CH" und „SCH" zu unterscheiden, z.B. unser Bundeskanzler. Er umgeht dieses Problem, indem er im Zweifelsfalle immer ein „CH" einsetzt. („Gechichte", „Kriegeriche Auseinandersetzung", „Fachismus" etc.)

Genau umgekehrt tut es also seine saarländische Kollegin Ilona Christen. Sie setzt prinzipiell ein „SCH" ein, schämt sich aber jedesmal ein wenig dafür – das muß man zu ihrer Verteidigung sagen. Es ist ein ganz verstohlenes „SCH".

Schon der Vorspann ist eine Sturzfahrt in der Geisterbahn des

Monty Arnold mit Henry Mancini in Hollywood. Die Leute sagten, der Komponist solcher Hits wie „The Pink Panther“ und „Moon River“ sei der neben James Stewart netteste Mensch der Filmmetropole gewesen – stimmt.

schlechten Geschmacks. Ilona fliegt auf ihrer Schmetterlingsbrille durch die Stadt, die Menschen lassen vor Entsetzen ihre Einkaufstaschen fallen und fliehen in hellen Scharen. Diese Frau ist nicht aufzuhalten – kein Wasserwerfer, kein Indianer, kein keck geöffneter Gullydeckel vermag sie zu stoppen. Sie freut sich, wirft mit Fallobst und lacht ihr röhrendes Lachen.

Sie erreicht trockenen Fußes ihr Studio. Nun sieht man sie ein kleines Türchen öffnen, und irgendwie fühlt man sich an einen Virus erinnert, der eine unschuldige Zelle besteigt.

Einen Sekundenbruchteil später – ein Wunderwerk der Tricktechnik – erscheint sie am oberen Rand ihrer Arena und hat was völlig anderes an: „Herdslisch Willkommen!" tönt ihr Schlachtruf.

Jetzt steht erst einmal die Enthüllung des heutigen Themas ins Haus.

Diese Themen sind wirklich immer erste Sahne: „Verliebt in die Sekretärin" – „Verliebt in den Lehrer" – „Krach mit der Sekretärin" – „Krach mit dem Lehrer" – „Trennung von der Sekretärin" – „Trennung vom Lehrer" – „Wechseljahre pro und contra" – „Sex mit dem Ex – Lust oder Frust?" – „Reim disch oder isch freß disch !"...

Am Anfang jeder Sendung steht ein Sketch, der das Thema transparent macht. – Natürlich sind es keine richtigen Schauspieler, die in diesen Spielszenen auftreten. Es sind irgendwelche armen Schweine, die gerade nasenpopelnd auf dem Studiogelände rumhängen und nichts zu tun haben. Die werden mit großen Safarinetzen eingefangen und müssen, um ihre Freilassung zu erpressen, dann in diesen Meisterwerken auftreten.

Dazu Ilona: „Unser heudiges Thema: Arokande Wäder" (= „arrogante Väter")

Und nun der Sketch: „Ferdinand! Unsere Tochter hat eine Katzenallergie!"

„Na und? Ich weiß auch nicht wohin damit!"

„Wohin mit der Katze?"

„Ne! Mit der Tochter!" (Lachen vom Band)

Die Pointe dieses Sketches wird von der Moderatorin auch noch nett erklärt: „Haben Sie's gemerkt? Er mag seine Dochder nisch."

Umringt von Schwangerschaft vortäuschenden Latzhosenträgerinnen und reimenden Hobbyköchen zieht Ilona nun alle Register ihres Wollens. Sie hat Strähnchen, sie ist gut vorbereitet, sie ist ganz einfach ... nett gemeint.

„Unser heudiges Thema: Verliebt in den Lehrer! Jetz' hawwe mir hier das Sabinsche'! Ei, Sabiensche, erzählense doch mal, wie is denn das gegange mit dem Lehrer in de Schuul'!"

(Kaugummikauend) „Ja, immer in Mathestunde, ne?

„Eh."

„Da war mir ganz mulmich."

„Ganz mulmisch. Ei, und dann?"

„Ja, dann ... dann habn ich halt immer so zu dem rübagekuckt, ne?"

„əəəə?" (saarländischer Zugrunz zur Gesprächsanschiebung)"

„Und dann seid ihr nach der Stunde zu ihm hin und habt's gemacht, oder wie?"

„Wie? Was denn gemacht?"

„Ja, und was die dann gemacht hawe, das erfahren wir gleisch nach der Werbung..." (Jingle)

Regelmäßig gibt es mal ein wirklich ernstes, zu Herzen gehendes Thema. Skandalöse Enthüllungsorgien, Einblicke ins Innerste. Dann senkt Ilona jeweils theatralisch die Stimme, und ihre taktischen Mängel treten besonders deutlich hervor. Jeder, der einmal in ihrer Schamspirale abgesoffen ist, weiß, wovon ich rede.

„Unser heudiges Thema: ‚Aufgewachsen unter Verrückten' Jetz' hawe mir hier der Heini, Tach Heini!"

(klägliches Grußgeräusch)

„Heini, Ihr Mudder – Ihr eischeni Mudder – hat Sie wolle umbringe duun."

„Ja!"

„Jetzt erzähle Sie mal, wie ist das abgelauwe?"

„Tja, meine Mutter hatte also den Plan gefaßt, mich unter Alkoholeinfluß zu setzen..."

„Die kam rein, mit der Flasche..."

„Ja, und dann wollte sie mich in diesem traurigen Zustand ... in mein Auto setzen...und mich den tödlichen Gefahren des Straßenverkehrs da ... übereignen."

„Aber Heini – Sie hucke ja noch hier! Heini – was ist da schiefgelaufe?"

„Was sie aber da noch nicht wußte: der Wagen war gerade in der Werkstatt..."

(ans Publikum gerichtet) „Isch sag's immer wieder: Man sollt' viel häufischer mit'nanner schwätze!"

„Tja, was wollt' sie machen, da hat sie mich dann halt in diesem traurigen Zustand in die U-Bahn gesetzt!"

Und nun bemerkt die Moderatorin, die ja die gesamte Sendung Wort für Wort auf ihren kleinen, orangefarbenen Pappkärtchen vorbereitet hat: Sie ist mit ihrem Kandidaten 36 Sekunden im Verzug. Kurzerhand ermuntert sie ihn jovial zur Straffung seiner erschütternden Geschichte: „Heini, was is in de Schuul mit Ihne gemacht worde? Dalli ... Dalli!"

„Äh ... Geschlagen, ... getreten, gehänselt, ... soziale Ausgrenzung ... bäh gemacht, ... getreten..."

PING! „Ein ‚getreten' war doppelt, das nehmen wir raus, der Rest is rischtisch!"

(„Spitze!")

Der unvermeidliche Experte bekommt nun zu Wort!

„Herr Doktor Krausemichel, mein Studiogast, denne habe se in de Schuul geschlage, getreede un bäh gemacht – was kamma dazu sage?"

„Ja, ich glaube – wenn ich das mal so sagen darf – ich glaube, seine Traurigkeit liegt in seiner Kindheit begraben."

Die Glaubwürdigkeit der Gäste wird mit zweierlei Maß gemessen.

Bei Themen wie „Elvis lebt" verzieht sie keine Miene. Widerspruchslos läßt sie ihre Gäste mit den üblichen selbstgebastelten Beweisstücken aufmarschieren und dazu den größten Blödsinn absondern.

„Guckense mal, dieses Foto zeigt den heute etwa sechzigjährigen Elvis vor einem Kino. Und im Hintergrund können Sie deutlich erkennen, da hängt ein Filmplakat. Von dem Film ‚Das Schweigen der Lämmer', und da hat Elvis ja offiziell gar nicht mehr gelebt."

Der Zuschauer wartet nun auf die wohlverdiente Kritik an diesem Unsinn, aber – von wegen! „Toll!" ist Ilonas einziger Kommentar.

Unangenehme Erinnerungen werden wach an ihre pseudokritischen Werbespots:

„Da gibt es ein neues Waschmittel: ARIEL futur, verschprischt Reinheit pur! Klaubisch nisch. (Seitenblick) Sieht'n bißschen traurisch aus, die Paumwollßogge!"

Traurig sah sie dann auch aus, denn von Stund an brach eine Lawine von Schmähungen über sie herein.

Alle fanden es furchtbar. Die Printmedien haben zu einer wahren Sauhatz geblasen, eine regelrechte Christenverfolgung fegte über das Land. Ein besonders herzloser Rezensent meinte, dagegen erwecke ja Witta Pohls Werbespot geradezu ein Mitgefühl, aber Ilona machte unverdrossen weiter.

Sie mutierte sogar zur sozial engagierten Filmemacherin. Mit expressionistisch wackelnder Handkamera drang sie in die Stuben tumber

Benutzerinnen ein, um diesen ihre vereiterten Bettlaken unter die Nase zu halten („Die klassischen Problemflecken: Ei, Blut, Sperma, Kakao...").

Die eigentliche Sendung ging – wider Erwarten – ungehindert weiter. Nur im Traum erscheint mir manchmal folgende Szene: Die Moderatorin beendet ihre Talkrunde mit den Worten: „Unser heudiges Thema: Leute, die nischt auf den Bildschirm gehören! Meine Gäste waren: Thomas Koschwitz, Karl Lagerfeld, Wolfgang Lippert – und isch selbst, schön, daß Sie dabeiwarn!"

Im Frühjahr 1992 war Monty erstmals selbst Gast in einer Talkshow: „Boulevard Bio", das Thema: „Komisch sein in Deutschland" oder so ähnlich.

Die übrigen Gäste waren „die singende Herrentorte" Helge Schneider, Witzeerzähler Fips Asmussen und Jürgen von der Lippe, über dessen Programme ich wirklich herzlich lachen kann.

Entgegen seiner üblichen Vorgehensweise, entschloß sich Alfred Biolek zu einer Art Vorgespräch am Abend vor der Aufzeichnung. In der Tat waren ihm die anderen Herren ja auch schon ein Begriff...

Das Vorgespräch war freilich ein selbstzubereitetes Abendessen in seiner Kölner Wohnung. Die anregendsten Gedanken zum Thema haben wir leider schon bei dieser Gelegenheit ausgetauscht, und da sich das in der Sendung nicht wiederholen wollte, war die Sache letztlich eher kontraproduktiv. Ansonsten war es natürlich ein reizender, hochinteressanter Abend.

Besonders lehrreich war folgendes: Bei Tisch hantierte er mit einer mannshohen dicken schwarzen Pfeffermühle. Dieses gute Stück habe ihm Hella von Sinnen geschenkt, erklärte er mir. Das tat er noch einmal bei einer späteren Gelegenheit. Es liegt nahe, daß die meisten Gäste in seinem Hause den Namen der Spenderin erfahren haben. Auch, wenn das nicht die vorrangige Absicht dieses Geschenkes gewesen sein wird – eine effektivere Eigenwerbung in den besseren Kreisen der Kölner Gesellschaft als Hellas Pfeffermühle hat es sicher nie gegeben."

Dr. Bioleks ungemein pittoreske Wohnung ist – gemessen an seiner Popularität – recht klein und ungewöhnlich zentral. Er erklärte mir, er brauche den Trubel um sich herum und berichtete mir von den dezent-neidischen Blicken verschiedener Kollegen, die ihn hier besucht hatten. Dabei handelte es sich wohl um Promis, die sich von ihrer Berühmtheit

Sunset Boulevard Bio, 1992

hatten in die Einöde treiben lassen. Sänger, Showmaster und Schauspieler, die sich ein Chalet in einem klassischen Speiseölland gekauft haben, um zwischen den Drehtagen dort hinter Alarmanlagen und Bewegungsmeldern langsam zu verrotten, fernab von jeglicher menschlichen Gesellschaft.

„Das würde ich nicht aushalten", meinte Bio. Ich kann ihm da nur beipflichten.

Alfred Biolek wurde bald darauf im Programm „Der Rest ist für Sie" verewigt. Es wird ein Attentat auf ihn verübt, was selbst John Steed und Emma Peel aus der Serie „Mit Schirm, Charme und Melone" nicht verhindern können.

Hier sind wir bei einem von Montys Markenzeichen angelangt: dem Verpflanzen populärer Figuren unserer Unterhaltungslandschaft in ungewohnte Zusammenhänge. Besonders beliebt war dieser Act, in dem es den Schauspieler Gert Fröbe erwischte:

Moonfinger aus „His Monster's Voice" (1995)

Computer Logbuch Nr.1 der Enterprise, Sternzeit 0190 336 336, Chefingenieur Scott.

Nachdem wir unseren Captain nun bei seinem letzten Star-Trek-Kinofilm verloren haben, ist uns ein neuer Kommandant zugeteilt worden. Die Föderation bestand aus innenpolitischen Gründen darauf, einen Ossi zu nehmen. Wie immer, bei solchen Quotenentscheidungen – traten praktische Erwägungen, wie Kompetenz und Charme, eher in den Hintergrund. So weigert sich unser neuer Captain – ein gewisser Auric Goldfinger – z.B. auch, das Logbuch zu führen, so daß ich das jetzt übernehmen muß – als ob ich nichts Besseres zu tun hätte. Das schmeckt uns natürlich nicht, und die Stimmung an Bord ist zur Zeit feuergefährlich wie'n Weihnachtsbaum. Ich wette, im Laufe des Tages wird hier noch ein kleiner Zusammenstoß von Temperamenten vor sich gehen.

Hiwi: (Türöffnen, Pfeifton) Captain auf der Brücke

Goldfinger (stark sächselnd): Guten Morgen, die Herrschaften! Na, wieder zu einem Spielchen bereit?

Spock: Herzlich willkommen an Bord der Enterprise Captain Goldfinger. Glück und ein langes Leben!

Goldfinger: Das muß sich erst noch herausstellen! Was tut Lt. Uhura denn da?

Montys Interpretation dieser Filmszene war vom Original nun wirklich nicht mehr zu unterscheiden – wie dieses Werkfoto beweist

Spock: Sie bildet einen Kadetten aus, Sir.

Uhura: Sieh mal, Kleiner. Das ist die Pro-Sternengruppe mit ihren Planeten Pro-Vi III, Pro-und-Contra, Probsteierhagen und ProSieben.

Kadett: Echt geil, Tante Uhura!

Goldfinger: Lieutenant, es wäre mir lieber, wenn Sie Ihre Fahrstunde ein andermal fortsetzen könnten. Sie haben sich in der Vorbereitung um nichts gekümmert – versuchen Sie bitte nicht, Ihre Versäumnisse durch falschen Eifer auszuwetzen. Damit kommense bei mir nicht durch!

Uhura: Ja, Sir.

Goldfinger: Gemütlich, der Sessel! ... Wußten Sie übrigens, daß wir hier einen echten Sachsen an Bord haben?

Spock: Das war mir nicht bekannt, Sir.

Goldfinger: Na, den Mr. Sulu! (gackert) Kleiner Scherz – soviel Zeit muß sein! (Klopft lachend auf die Armlehne) Oh – jetz' hab ich doch tatsächlich den Schutzschirm zusammengefaltet! Tut mir leid. Nichts für ungut, Mr. Sulu!

Uhura: Captain, ich empfange äußerst irritierende Funkwellen. Es klingt wie ein Notruf.

Goldfinger: Auf den Schirm damit, Mr. Chekov!

Chekov: Hui – das ist ja grandios!

Goldfinger: Was sind das für Wölbungen? Sehen wie zwei Hügel aus.

Spock: Sie gehören zum Planeten Erde.

Goldfinger: Unmöglich. Wir sind Lichtjahre von der Erde entfernt!

Spock: Irrtum ausgeschlossen. Diese Wölbungen sind irdischen Ursprungs.

Goldfinger: Chekov! Nu geben Se schon zu, daß Se sich verflogen haben!

Chekov: Garantiert nicht, Captain! Die Koordinaten sind absolut korrekt!

Goldfinger: Lt. Uhrua! Nehmen Sie Funkkontakt auf! Versuchen Se's auf allen Frequenzen!

Uhura: Aber sicher, Captain! Ich tue doch seit Jahren nichts anderes!

Goldfinger: Wie sieht's aus, Mr. Sulu? Haben Sie den Ursprung dieses Phänomens herausbekommen?

Sulu: Also, ich würde sagen ... Das sieht ja aus wie zwei... ooo-oh!

Chekov: Hohooo! Das sind doch ... das sind doch zwei ... Lechz!

Goldfinger: Die sehn ja wirklich ungeheuerlich aus, die Dinger!

Spock: Das sind die beiden lustigsten Titten der ganzen Galaxis, Captain. Sie heißen Esther Schweins!

Goldfinger: Spock – Sie sind'n aldes Ferck'l!

Spock: Mr. Chekov, Sie haben RTL auf dem Schirm!

Chekov: (befriedigt) Ja – ich habe es eben selbst bemerkt, Mr. Spock!

Goldfinger: Schaltense das ab, und konzenrieren Se sich auf den Verkehr! Ich habe dieses Kommando eigens übernommen, um sowas nicht mehr sehn zu müssen!

Spock: Faszinierend!

Goldfinger: Aber nur fast!

Chekov: Ein neues Signal, Captain!

Monitor: (gräßliche Lippert-Laute)

Goldfinger: Aaaaaah! Was ist das?

Spock: Mr. Chekov ist aus Versehen beim DDR-Fernsehen gelandet... Das ist die Lippert-Welle! Sie verdichtet sich zur Detonation.

Goldfinger: Lippert! Mein schlimmster Feind, die Schande der ganzen Ostzone! Schalten Sie ihn ab! Schnell! Ich ertrage ihn nicht. Sein Geschwätz – ein peinigender Gestank!

Chekov: (triumphierend) Ich weiß nicht, warum, aber es funktioniert nicht, Sir!

Goldfinger: Das ist Mord! Das ist Meuterei! Reizen Sie mich nicht!

Chekov: Ah – jetzt hab ich's!

Goldfinger: (atmet aus) Nein, Lippert! Das Spiel ist noch nicht zuende! Du entkommst mir nicht! Mit dem Feuer der Hölle werde ich bei dir sein! Ich werde dich jagen um die Monde von Nibia, durch den Antares-Maelstrom und die Flammen der ewigen Verdammnis! Bis ans Ende werde ich mit dir kämpfen!

Spock: Alles in Ordnung, Sir?

Goldfinger: Ich hätte große Lust, diese Null mit einem gezielten Schuß aus unserem Phaserstrahler für immer aus'm Universum zu fegen!

Spock: Negativ, Captain! Nach jahrelanger Forschungsarbeit, sind unsere Waffen nicht allein zu Privatzwecken entwickelt worden.

Goldfinger: Gott, was sind Sie langweilig! Sein Se doch nich' so pinselig!

Spock: Das betrachte ich als meine Pflicht, wie immer Sie es nennen mögen!

Goldfinger: Spock, kommsemaher, ich muß Sie was Persönliches fragen. Hat Ihr alter Captain immer „Langohr“ oder „Spitzohr“ zu Ihnen gesagt?

Spock: Sir – ich verstehe Ihre Frage nicht.

Goldfinger: Gut, dann will ich mich deutlicher ausdrücken, Sie zu groß geratene Steckrübe. Sobald dieser Auftrach erledigt ist, mach ich Sie fert'sch! Ihre Klugscheißereien mögen bei meinem Vorgänger für eine gewisse Heiterkeit gesorgt haben, bei mir kommse damit nicht durch!

Spock: Wenn es Ihnen Freude macht.

Goldfinger: Überlegen Sie sich Ihre nächste geistreiche Bemerkung sorgfältig, Spock, es wird vielleicht Ihre letzte sein! Mir reichts abendfüllend! Außerdem muß ich mal raus! Spock! Übernehmen Sie mal für ein paar Minuten das Kommando.

Spock: Ay ay, Sir!

Hiwi: (Pfeifton) Captain auf dem Lokus!

Goldfinger: Ersparen Se mir das!

Chekov: Darf ich offen sprechen, Mr. Spock!

Spock: Aber bitte, Mr. Chekov!

Chekov: Ich fürchte, ich kann diesen Kerl nicht leiden.

Sulu: Und dem kann ich mich nur anschließen, Sir!

Spock: Dann sehen Sie mal auf den Bildschirm, meine Herren. Was es da zu sehen gibt, wird Sie sehr freuen.

Chekov: Heee! Das ist ja der Captain.

(sächsischer Schrei)

Sulu: Er treibt hilflos durch's All! Spock, wie haben Sie das gemacht?

Spock: Lt. Uhura wird es Ihnen erklären.

Uhura: Ich denke, Mr. Spock hat die Klostrippe am Kabinenfenstergriff befestigt. Als der Captain abspülte, öffnete sich das Fenster, die Kabine verlor den Druck, und der Sog beförderte Mr. Goldfinger in den Weltraum hinaus.

Kadett: Echt geil, Tante Uhura!

Uhura: Armer Kerl. Was wird jetzt aus ihm?

Spock: Wie Sie alle wissen, befinden wir uns im Orbit des Planeten „Schreinemakers V". Das ist ein Planet, auf dem alle Bewohner aussehen wie Margarethe Schreinemakers. Und sie klingen sogar wie Margarethe Schreinemakers. Das muß man sich mal bildlich vorstellen. Ein Szenario des Grauens! Cpt. Goldfinger wird die Oberfläche in wenigen Minuten erreichen.

Übrigens: Margarethe macht keine Gefangenen.

Spock: Damit ist unser Auftrag erledigt! Alle Systeme klar! Warp 9, Mr. Sulu!

Sulu: Ay ay, Sir!

The Audience is listening. Noch ruhen die Geräuschrequisiten, und die Gäste nehmen ihre Plätze ein...

Zu Montys Favoriten gehört die Parodie auf die eingangs erwähnte alte ZDF-Vorabend-Serie „Väter der Klamotte", in der Hanns Dieter Hüsch im Alleingang die Stars der stummen komischen Leinwand synchronisierte. (Die Reihe lebte außerdem von einer famosen Geräusch-Dramaturgie und der köstlichen Musik von Fred Strittmatter.)

Aus Spaß wird zuweilen Ernst – ein Freund vom niedersächsischen Kinobüro fragte Monty, ob er diese Parodie nicht mal live zum laufenden Film veranstalten wollte. Um ein fehlendes Publikum mußte er sich da nicht sorgen. Die Menschen sind förmlich ausgehungert nach Laurel und Hardy. Die Rechteinhaber dieser Filme verdienen einen Haufen Geld mit dem Verkauf von überteuerten Videos, und das hat dazu geführt, daß nun die erste Film- und TV-Generation ohne „Dick und Doof" aufwachsen muß. Entsprechend groß war der Erfolg bei der Uraufführung des neuvertonten „Big Business" (alter ZDF-Titel: „Der geschändete Oberst") in einem kleinen norddeutschen Kino - das ist jener Kurzfilm, in dem Stan und Ollie im heißen Juli Weihnachtsbäume verkaufen.

Mit dem Hinzukommen der Zweiakter „Die Geldgierigen", „Blaue Jungs in Schwierigkeiten" und „Golfspieler im Morast" entstand ein abendfüllendes Programm, „und dann ist alles wie früher – nur noch schöner", wie DIE WOCHE feststellte.

Das Publikum bekommt diese Kostbarkeiten genau so zu sehen, wie es sie von damals kennt: mit der Original-Musik, mit den Original-Geräuschen und mit der Original-Stimme.

Der Pianist Sören Sieg bezieht die Position, die bei Stummfilmbegleitung üblich ist: rechts unten vor der Leinwand. Auf der anderen Seite steht mein Tisch mit den Geräuschrequisiten: ein mit Scherben gefülltes Marmeladeglas, eine raschelnde Cornflakes-Tüte, allerlei Hupen und Pfeifen, eine Rassel, wie sie früher zum Vertreiben von Krähen diente und natürlich das unvermeidliche Quietsche-Entchen, das z.B. dann zum Einsatz kommt, wenn Stan Ollie mit dem Finger ins Auge sticht.

Wir beide müssen nun unsere Arbeitsfläche und das Geschehen auf der Leinwand parallel im Auge behalten und nehmen dazu etwa die Haltung ein, die zuspätkommende Kinofreunde aus der ersten Reihe kennen. Körperlich ist das alles fürchterlich anstrengend, aber die großartige Atmosphäre dieser Aufführungen ist mehr als eine Entschädigung dafür. Die Kinobesucher sind ja an sich einen viel höheren technischen Standard gewöhnt als das Comedypublikum – Roboter und Retortenmenschen in THX und Ähnliches. Trotzdem gibt es jedesmal

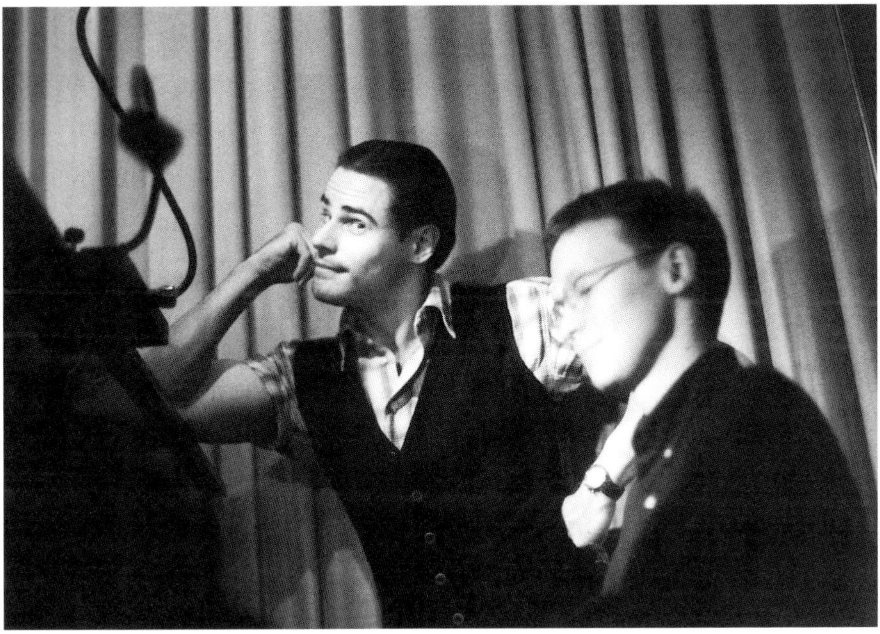

Unsichtbare Live-Synchronisation im Orchestergraben: Monty mit Pianist Sören Sieg, der auch die Arrangements entwickelte.

kein Halten mehr, wenn z.B. Edgar Kennedy das Toupet herunterfällt oder sich spontan mitten auf einer belebten Geschäftsstraße ein Schlammloch auftut. Diese unschuldige Art von Humor hat man ja recht lange entbehren müssen. Auch die Veranstalter, in diesem Falle die Kinobetreiber, sind immer besonders reizend. Kaum ein Live-Veranstalter freut sich persönlich so sehr auf die Aufführung und über das Gelingen des Abends.

Nun müssen sich die fröhlichen Betrachtungen der Fernsehwelt und aktuelle Brisanz aber auch nicht völlig ausschließen…

Um die Zeit, da diese Zeilen geschrieben werden, wird zum ersten Mal sehr viel über Fritz Wepper geredet. Das ist unfair, wenn man bedenkt, wie lange es ihn schon gibt. Ich war kaum auf der Welt, da hatte er schon die Rolle, die ihn unsterblich machen sollte. Er war schon damals ein alter Mann, aber man merkte es noch nicht so deutlich wie heute. Wußten Sie schon, daß der seit Ewigkeiten immer nur ein und dieselbe Assistentenrolle gespielt hat, erst bei Erik Ode, dann bei „Derrick". Ich habe gelesen, daß man in der Hochebene von Pamir uralte Schriftrollen gefunden hat – prähistorische Programmzeitschriften – und schon dort wird Fritz Wepper als Assistent geführt. Er soll schon die Steinigung des Heiligen Stephanus mit aufgedeckt haben.

Dabei hatte er Anfang der 70er Jahre sogar Angebote aus Hollywood. Er sollte Filme machen, richtige Filme mit Löchern an der Seite, aber die mußte er alle ablehnen. Immer, wenn er gerade mal wieder mit Hollywood telefoniert hatte, ging die Tür auf, herein schwebte ein grauer Sack mit schlenkernden Armen – an seinem Handgelenk funkelte die Imitation einer echten Imitation – und rief: „Harry!" – (Pause, dann plötzliches Einatmen) „Was ist los, Stefan?" – „Harry! Es ist ein Mord geschehen." – (Pause, dann plötzliches Einatmen) „Sagamal, Stefan, hat das Zeit? Der Martin Scorsese hat gerade angerufen!" – „Harry! Hier geht es um Mord! Das ist wichtiger!" – „Laß mich raten, Stefan! Das Opfer ist --- ein junges Mädchen!" – „Ja, Harry!" – „Und der Mörder ist ein reicher, alter Sack aus Schwabing, mit einer unglückliche Ehe und einem geschmacklosen Wohnzimmer!" – „Aber klar!" – „Und er hat sie vorher --- unsittlich berührt und hinterher erwürgt?!" – „Ja, Harry! Alles wie immer!" – (Pause, dann plötzliches Einatmen) „Ja aber, dann ist der Fall doch gelöst! Wozu brauchst du mich denn noch?" – „Aber Harry, du mußt mir doch den Wagen holen!"

Ich habe mich immer gefragt, was der arme Kerl geholt hat, ehe das Rad erfunden war…

Ferni in Prime Time Drama
WER MAG DAS SEIN ... UM DIESE ZEIT?
Klopf Klopf
Mein Name ist Derrick. Wo waren Sie gestern um diese Zeit?
HIER. ALLEIN ... ICH HABE FERN GESEHEN.
Was haben Sie denn gesehen?
RTL ... es sollte witzig sein ... irgendwas mit Comedy ...
Sehr unglaubwürdig, Stephan!
Ja ... und weiter. Worüber haben Sie denn da gelacht?
TJA ...
Also, Sie werden doch irgendeinen Witz nacherzählen können, der da gemacht wurde!
ALSO ... ICH ...
Ich stelle fest, Sie haben kein Alibi! Stephan! Er hat kein Alibi!
Sie sind verhaftet! Kommen Sie mit!
SEHR VIEL SPÄTER ...
ACH JA ... UND DANN GAB ES DA NOCH EINE ROTHAARIGE FRAU, DIE IMMER SO TAT, ALS MÜSSTE SIE ÜBER IHRE EIGENEN WITZE LACHEN!
Das machen die auch jede Woche. Damit ist nichts bewiesen!

The Charge of the Loony Brigade

Ich bin gern Komiker, ich liebe diesen Beruf – aber es ist damit so eine Sache. Zumindest hat es einen häßlichen Beigeschmack.

Am Anfang wurde ich sowieso als Kabarettist geführt, ob ich wollte oder nicht. Wenn ich mich den Kollegen von der Presse oder meinen Veranstaltern als Komiker empfahl, als Komödiant oder „Cabajazzo", wurde das stets verständnisvoll umformuliert.

Unterdessen hat der Begriff „Comedy" mit Macht Einzug gehalten, aber das war nicht geplant! Erst wenige Jahre zuvor war mit großem Brimborium das hundertjährige Jubiläum des Kabaretts gefeiert worden, jener Kunstrichtung, deren Vertreter immer betont hatten, wie wichtig es ihnen sei, irgendwann überflüssig zu sein. Pünktlich zu diesem runden Geburtstag durfte das Ziel nun als erreicht angesehen werden. Politiker sind längst nur mehr Witzfiguren, die niemand mehr ernst nehmen möchte (was allerdings weder ihre Machtposition schmälert noch ihre Wahlsiege oder Nebenerwerbsquellen). Trotzdem wollte im Lager der Kabarettisten kein rechter Siegestaumel aufkommen. Statt dessen beäugte man neidisch die legitimen Nachfolger, die in den Medien nun noch unverschämtere Summen abzockten, und das offiziell sogar ohne jeden Anspruch: die Vertreterinnen und Vertreter der Comedy.

Nun hatte man es ja bereits in den 70er Jahren bei Namen wie „Insterburg & Co." mit unseriös-komischen Figuren zu tun bekommen. Aber da wurde kurzerhand der Begriff der „Blödelei" geboren, und so war dieser Verirrung weitgehend der Biß genommen. Phänomene wie der ehemalige Gelegenheitsmusiker Otto Waalkes – den sogar Dieter Hildebrandt als großen Könner pries – oder Loriot erhielten gleich eine eigene Schublade, und somit waren auch sie nicht weiter gefährlich für die bestehenden Strukturen des gepflegten politischen Witzes. Diesmal – 20 Jahre später – war alles anders.

Nun soll hier nicht der Eindruck erweckt werden, Comedians seien wesentlich unterhaltsamer als Kabarettisten. Zumindest muß man ihnen zugute halten, daß sie in der Regel jünger sind, und das war ja noch nie so wichtig wie heute. Und sie haben im Zweifelsfalle die lustigeren Hütchen auf.

Es gab nun also das Wort „Comedian", eine sehr fetzige und irgendwie erotische Bezeichnung, aber nach wie vor will niemand ein Komiker sein. Die gesellschaftliche wie auch die professionelle Ächtung dieses Ausdruckes ist ungebrochen.

Kaum ein großer Kollege, der mit seiner Komikertätigkeit zu Ruhm und Reichtum gelangte, wollte sich darauf einlassen. In Talkshows brachen jedesmal regelrechte Tribunale los, wenn die Rede darauf kam. Die Betroffenen bemühten sich eilig, sich für ihren Erfolg auf diesem Gebiet zu rechtfertigen.

„Wissense, Herr Böhme, ich komme ja eigentlich vom Chanson her!"

„Ach, Frau Schreinemakers, auf dem Grunde meines Herzens bin ich ein hinreißender Schauspieler, ehrlich!"

„Jetzt will ich Ihnen mal was sagen, Herr Jauch! Ich bin ein untadeliger Satiriker! Ich habe schon der Gesellschaft den Spiegel vorgehalten, da haben Sie noch…"

Als Dirk Bach durch die Sketche seiner Fernsehshow schlagartig bundesweit zu einem Idol geworden war, verwies er immer wieder auf sein seriöses Theaterschaffen. Er tat das so oft und so eindringlich, als gelte es, ein übles Gerücht aus dem Wege zu räumen, das Gerücht: „Ich bin komisch".

Aber nicht nur auf der Mattscheibe tobt dieses letzte große Tabu der modernen Mediengesellschaft.

Als ich mich bei einer Hamburger Casting-Agentur in die Schauspielerkartei aufnehmen lassen wollte und mir mein Beruf herausrutschte, wurde die Dame am anderen Ende der Leitung sogleich ausfallend. Das Gespräch war im Handumdrehen beendet.

Vor ein, zwei Jahren erwachte in mir der Wunsch, meine regen Sprechertätigkeiten in der Werbung und im Trickfilm auch auf den normalen Synchronbetrieb auszuweiten. Natürlich war ich der Ansicht, meine langjährige Humortätigkeit könnte mir dabei nützlich sein – Gott bewahre, nicht die Tüte!

Von Insidern wurde mir immer wieder geraten: „Du mußt allen erzählen, du seist Schauspieler! Schauspieler, gell?"

Noch vereint in trauter Bedeutungslosigkeit: Monty Arnold und Michael Mittermeier in den Katakomben des Kölner „Capitol“.

Die eigenen Witze sind immer noch die besten: Monty mit Zeremonienmeister Thomas Hermanns im Quatsch Comedy Club.

Natürlich konnte ich die Wahrheit nicht immer für mich behalten, und folglich hatte ich im Studio Hamburg in dieser Sache nur vereinzelt zu tun. Diese Jobs verliefen aber immer sehr erfreulich, und es fanden sich auch stets Sprecherkollegen, die meine sonstige Arbeit schätzten und die Aufregung nicht ganz nachvollziehen konnten.

Ich kam mir langsam vor wie ein Christ im Alten Rom. Meiner Mutter hätte das sehr gefallen.

Nach einer Moderation im Schmidt-Theater wurde Monty von einem Kollegen angesprochen, der in seinem Vortrag mehrere Seelenverwandtschaften aufgespürt hatte. Er outete sich als Liebhaber des Titels „I've Been To Paradise", der in der deutschen Paola-Fassung zu Montys Lieblingszugaben zählt, und stimmte inhaltlich einigen zickigen Äußerungen in der Moderation zu. Sie setzen sich und fanden außerdem heraus, daß sie beide davon träumten, irgendwann „Die Blume von Hawaii" auf die Comedy-Bühne zu bringen.

Dieser Kollege war Thomas Hermanns, der als Tommy Garden in den letzten Jahren Karaoke in Deutschland eingeschleppt hatte und nun ein Projekt plante, in das er sich kreativ besser einbringen konnte.

Bald darauf rief er mich an, um mich zur Gründung seines Comedy-Clubs einzuladen. So wurde ich zu einem der Gäste im ersten „Quatsch-Comedy-Club" in der Kantine des Deutschen Schauspielhauses zu Hamburg, in das uns die Pressesprecherin hineingelassen hatte, als gerade keiner hinguckte.

Das Publikum bestand vorwiegend aus Journalisten, Veranstaltern und sonstigen Fachleuten. Die Atmosphäre war entsprechend frostig, woran weder der sehr nervöse Moderator etwas ändern konnten, noch die echte Brigitte Nielsen, die netterweise einen Gastauftritt absolvierte.

Ab der dritten Aufführung fand die Show im „Mojo-Club" statt, einer etwas geräumigeren Adresse, die auf der Reeperbahn lag und auch sonst die passendere Atmosphäre mitbrachte. Es folgte ein weiterer Umzug. Diesmal führte er nur auf die gegenüberliegende Straßenseite, ins Musicaltheater „Imperial".

Es wird immer wieder gerne auf die großen Namen hingewiesen, die aus dem „Quatsch Comedy Club" hervorgegangen sind: Wigald Boning, Olli Dittrich und natürlich der umwerfende Michael Mittermeier, dessen Name nach wie vor eng mit der Reihe verknüpft ist.

Thomas hat immer wieder darauf hingewiesen, daß es eigentlich kein schwules Comedy-Publikum gibt, zumindest kein schwules Stand-Up-Publikum. Die Zuschauerreihen, die Foyers – eine Homo-freie Zone.

Keine Ahnung, woran das liegt, und letztlich ist es ja auch vollkommen wurscht, aber leider hat unsereiner deshalb sehr schlechte Aussichten auf Groupies...

Als wir nun gelegentlich im Londoner „Comedy Store" gastierten, einer der feinsten Stand-Up-Adressen, konnte ich mich zumindest mit dem Umstand trösten, daß es in dieser Stadt – unweit des Clubs – die Old Compton Street gibt, die Hauptschlagader des schwulen Londoner Lebens. Die Jahre unter Margaret Thatcher, die „Clause 28" und die sprichwörtliche britische Leibfeindlichkeit haben hier ein ausgesprochen notgeiles Klima geschaffen. Das Positive daran: in der besagten Gegend kann man als Flaneur zu jeder Tages-, Jahreszeit und Wetterlage sexuelle Bekanntschaften machen, für die man anderenorts erst das Wochenende abwarten und das Licht ausmachen muß. Natürlich geschieht alles, was mit dem Kennenlernen und der Anmache zu tun hat, noch in sehr gesitteter Form, aber schließlich kommt es auf das Ergebnis an!

Ich spazierte also am Tag nach unserem Gastspiel die Old Compton Street hinunter – es war Dienstag Mittag, es nieselte, und in drei Stunden würde ich zum Flughafen aufbrechen. Trotzdem entdeckte ich im großen Fenster eines der Straßencafés einen unerhört gutgebauten Mann im Unterhemd, einen Tänzer, den der morbide Hauch des späten Lloyd Bochner umwehte (Sie wissen schon, der Cecil Colby aus dem „Denver-Clan"). Ich setzte mich neben ihn, und alsbald lernten wir uns kennen...

Zurück in Hamburg, erzählte mir Thomas mit wissendem Lächeln, er sei auf dem Weg zum Flughafen durch Soho gefahren, „und nun rate mal, was ich da gesehen habe! Einen nackten Mann im Schaufenster. Und wer saß gleich daneben? Monty Arnold!"

Es gibt eben doch noch Reste von Gerechtigkeit auf dieser Welt...

Pitfalls on the Road to Mandalay

Im Sommer 1995 startete die neugegründete Unterhaltungsredaktion von ProSieben eine engagierte Aktion zur Findung eines neuen Comedy-Konzeptes mit dem erfreulichen Ansatz, die Fachkräfte, die Komiker selbst, unter behutsamer Anleitung „machen zu lassen". Im Münchener Eisbach-Studio wurde für die Dauer von zehn Tagen ein Camp eingerichtet, in dem U-Chef Oliver Mielke in einer Art Probelauf sowohl potentielle TV-Unterhaltung produzieren als auch alte Hasen der Branche zu Vorträgen einladen wollte. 18 mehr oder weniger junge Comedians, die der Einladung von ProSieben gefolgt waren, gestalteten den Workshop. Wie sich herausstellte, sollten 9 von ihnen nun weiter für den Sender tätig sein. Einer davon war Monty.

Die Atmosphäre dieser Jam-Session, die weitaus aufwendiger und sorgfältiger organisiert war, als das bei Castings üblich ist, hatte etwas von den großen Schulferien. Trotzdem – oder gerade deshalb – konnten die Ergebnisse sich sehen lassen.

ProSieben hatte bis dato den Ruf genossen, die Top-Adresse für aktuelle Spielfilm-Highlights zu sein. Das hatte sogar der Konkurrenz die neidlose Feststellung abgerungen, ProSieben sei ja schon ein Gratis-Pay-TV. Allem Lob zum Trotz, wollte Programmdirektor Jan Körbelin seinem Sender ein neues Gesicht verpassen, eins mit Eigenproduktionen. Und da stand das Thema Comedy ganz oben, hatte doch RTL mit dem an sich wenig innovativen „Samstag Nacht"-Format allen Mitbewerbern die Kehrseite gezeigt.

Neun Gesichter in einem Format zu vermarkten, war natürlich keine leichte Aufgabe. In der Gruppe wurde immer wieder die Maxime ausgegeben, wir säßen doch alle in einem Boot, zögen alle an einem Strang etc. Dennoch hatten die meisten von uns in erster Linie das Anliegen, sich als toller Kerl zu erweisen. Diese schwierige Ausgangsposition

Die Torturen häufigen Schminkens und harter Scheinwerfer gehen nicht spurlos am Teint der Künstler vorüber: Monty Arnold und Gert Ekken-Gerdes in der Comedy-Factory.

wurde einstweilen dadurch wettgemacht, daß aus unseren Reihen ein gewaltiger Output an eigenen Texten hervorquoll. Die Befürchtung, wir müßten allzu früh und allzu üppig auf Fremdautoren zurückgreifen, bewahrheitete sich nicht.

Mein Beitrag beschränkte sich im Wesentlichen auf eine Studioversion des „Wellenreiters", oder „Monty TV", wie es nun hieß, ein altes Konzept aus „Madame wünscht kein Aufsehen". In der Aufmachung eines Twens der Weimarer Republik – für mich die Blütezeit guten Bekleidungsgeschmacks – parodierte ich den allgemeinen Kabelsalat des deutschen Fernseh-Programmangebots.

Als Mitte der 80er Jahre das Privatfernsehen seinen Siegeszug durch unsere Stuben antrat, da bedeutete das auch die Karriere eines an sich unscheinbaren Haushaltsgegenstandes, den man bis dato fast nie gebraucht hatte: die Fernbedienung (– und mit ihr verbesserte sich die familiäre Machtposition derer, die sie gerade in den Fingern hielten).

Sie war das einzige Mittel, mit dem man sich gegen die kriminellen Methoden der Sendegewaltigen wehren konnte – doch die waren auch nicht untätig. Der Programmablauf wurde stetig immer flotter. Immer häufiger wurde der Abspann eines Films einfach weggelassen, der Vorspann des nächsten Films auch, und mit der Zeit starben auf fast allen Sendern die Ansagerinnen aus. Eine Sendung wurde nun kommentarlos in die andere hineingefahren. Wer so leichtsinnig war, in diesem Augenblick zu husten oder sich sonstwie ablenken zu lassen, der lief Gefahr, diesen Übergang einfach zu verpassen. Der konnte sich dann nur noch wundern, warum die handelnden Personen plötzlich alle so verändert aussahen.

Das hatte natürlich seinen tieferen Sinn: auf diese Weise sollte der gemeine Zuschauer am Ab- oder gar Umschalten gehindert werden. Ich will's Ihnen demonstrieren. Neulich sitze ich so ganz gemütlich da und gucke einen Heimatfilm ... mein Gott, sowas kann doch mal vorkommen. Der war ja auch fast zu Ende. Man merkte das ganz deutlich. Die vertrugen sich schon wieder alle, Fred durfte das Pferd behalten und so weiter. Auf dem Marktplatz begegneten sich noch einmal die Kontrahenten von einst.

(antiquiertes Tonfilmösterreichisch) „Ei, wer kommt denn da – der Herr Schulmeister!" – „Na, wen haben wir denn da? Das Fräulein Hanni!" – „Ei, grüß Gott, lieber Herr Schulmeister!" – „Ja, das liebe Fräulein Hanni..." als plötzlich:

„Schloß am Wööööörtherseeee!"

„Mach lauter Monty! Wir haben den Arabella-Applaus von nebenan wieder mit drauf!“

Die Stimme aus dem Reich der Toten!

Zu Tode erschreckt griff ich nach dem letzten Machtinstrument, das mir der Himmel noch gelassen hat – meiner Fernbedienung – und flüchtete mich in einen anderen Kanal.

(unanständiges Umschaltegeräusch)

Dort wird gerade auf ganz ähnliche Weise einer amerikanischen Seifenoper der Garaus gemacht – vor dem Satelliten sind wir alle gleich.

„Krystle, du dumme Schlampe!" – „Ooooh!" – „Es tut mir leid!" – „Oh, Blake!"

TÄTERÄTÄTÄTÄÄÄ –

Moderator: Hallo und herzlich willkommen zu einer neuen Ausgabe unserer Spielshow „Gewinnen ums Verrecken!

(Minutenlang kocht der Saal vor Begeisterung!)

Publikum: Jaaaaaa!

Moderator: Als Gast im Studio begrüßen wir heute Frau Schmeigel aus Kotzlar!

Publikum: Jaaaaaaaaaaa!

Moderator: Frau Schmeigel, was machen Sie denn beruflich?

Frau Schmeigel: ……Isch bin Hausfrau…

Publikum: Jaaaaaaaaa!

(unanständiges Umschaltegeräusch)

Gregor Gysi: Um es nochmal in aller Deutlichkeit zu sagen, Herr Hollmann, mein Name ist nicht Güsi, ich heiße Gisi, das spricht sich mit einem „i" in der Mitte. GIsi!

Carlheinz Hollmann: Scheißegal, Herr Güsi, was mich interessieren würde…

(unanständiges Umschaltegeräusch)

Talkmaster: Zu Gast in unserer Talkshow: keine geringere als unsere liebe Lilo Pulver. Lilo, ganz unter uns, sag doch mal, was machst du denn so im Augenbli …

Lilo: (unmotiviertes irres Gelächter)

(unanständiges Umschaltegeräusch)

Die insgesamt vier oder fünf Mal, die Monty (widerwillig!) in Frauenkleider schlüpfte, geschahen alle im Rahmen der Comedy Factory. Kaum war die Kamera aus, ging die Blödelei los…

Miss Marple: Guten Tag, Officer! Ich hätte gerne den Inspektor gesprochen.

Officer: Miss Marple … is ja nett, daß Sie uns wieder mal besuchen, aber der Inspektor ist zur Zeit in einer wichtigen Besprechung. Wenn Sie mir vielleicht verraten könnten, was Sie auf dem Herzen haben.

Marple: Ich komme wegen des Falles Slobber-Daze-Carnegie.

Officer: Das hab ich befürchtet.

Marple: Die Kehle von Mr. Carnegie war durchgeschnitten, seine linke Hand war abgehackt, und ein Messer steckte in seinem Hinterkopf. Officer – entgegen Ihrer leichtsinnigen Vermutung war das kein Selbstmord – das war Mord!

Officer: Und woher wissen Sie das?

Marple: Ich habe das zweite Gesicht!

Officer: Na, wenn das genauso aussieht wie das erste…

(Tusch)

(unanständiges Umschaltegeräusch)

Spielpartner: Monsieur de Funès, woran ist Ihre Frau denn gestorben?

Funès: Wie soll ich mir denn so schnell was ausdenken, Menschenskind!

Spielpartner: Woran Ihre Frau gestorben ist, will ich wissen!

Funès: Was sag ich denn, was sag ich denn! Oh, es war furchtbar! Es war furchtbar! Also, schon am Morgen fing es an. Da fühlte sie sich nicht gut. Da machte sie so komische Geräusche: „Hch, Hch, Hch!“, ja und dann …. paff! Geplatzt!

Spielpartner: Was erzählen Sie mir denn da?

Funès: Ja, sie hat sich so aufgebläht – bwwwwwt! – Paff, und weg war sie. Überall war alles voll! Och, es war furchtbar.

(unanständiges Umschaltegeräusch)

Moderator: Frau Schmeigel, wir kommen nun zur Masterfrage! Bereits jetzt gehören Ihnen 800.000 Mark und eine Rowenta Robusta 500, aber Sie können diesen Gewinn steigern: auf eine Viertelmillion, wenn Sie die folgende Frage richtig beantworten. Wollen Sie's wagen?

Frau Schmeigel: Isch hob jo solsche Ongscht!

Publikum: Jaaaaaaaaaaaaa!

Moderator: Frau Schmeigel, das ist der richtige Teamgeist, passen Sie auf, es geht um viel Geld!

(Der Quizmaster klammert sich an ein Pappkärtchen, auf dem die todbringende Frage geschrieben steht.)

Moderator: Frau Schmeigel, in Amerika gibt es eine Comicfigur, ...

Schmeigel: Jaaa?

Moderator: ... die trägt eine Matrosenmütze und hat einen langen Schnabel. Mit Vornamen heißt diese Figur „Donald". Frau Schmeigel, Frage an Sie: Wie heißt diese Figur mit dem Nachnamen? Die Zeit: läuft!

(Ticktack ticktack ticktack...)

Schmeigel: Donald?

Moderator: Das war der Vorname! denken Sie nach!

(Ticktack ticktack ticktack...)

Schmeigel: Roger Rabbitt?

(unanständiges Umschaltegeräusch)

Meine Damen und Herren, wenn Sie dranbleiben, sehen Sie in wenigen Minuten den amerikanischen Horrorfilm „Friedhof der Stinktiere", in dem eine liebenswerte im Mittelwesten lebende Familie von bösen, unterirdischen Monstern angegriffen wird. Und hier: Ein kleiner Vorgeschmack.

(Musik)

Mary, wo ist Mary?

(Musik)

Ma, wo ist mein Pa, Pa, wo ist meine Ma?

(besonders bedrohliche Musik)

Ma, bist du das?

Hääääääääääääääää!

Aaaaaaaaaaaaaaaaa!

„Friedhof der Stinktiere" in wenigen Minuten! Bleiben Sie dran!

WERBUNG!

(unanständiges Umschaltegeräusch)

Moderator: Herr Wassermolch, Sie weichen meiner Masterfrage aus: Wie viele Ohren hat ein Kaninchen?

Kandidat: Letztes Mal war das abba nich so schwea!

Einige der Stammspieler des Quatsch-Comedy-Club: (im Uhrzeigersinn) Gayle Tufts, Thomas Hermanns, Monty, Rainald Grebe, Michael Mittermeier.

(unanständiges Umschaltegeräusch)

Oh Krystle!
Du bist in der falschen Serie, du Trottel! Ich bin Sue-Ellen!

Mein Gott, ich glaube, ich schalte im Kreis!

(unanständiges Umschaltegeräusch)

... und deshalb sehen Sie heute abend die Uraufführung der vom ZDF neusynchronisierten, restaurierten, colorierten Vollbildfassung der WEST SIDE STORY. Und bitte bedenken Sie: Ohne das ZDF wäre dieser Film nie gedreht worden! Gute Unterhaltung!

Tony: The most beautiful sound I ever heard: Maria, Maria, Maria.
All the beautiful sounds of the world in a single word:
Maria, Maria, Maria! Maria, Maria, Maria....
Maria: Pscht!
Tony: Maria!
Maria: Tony, sei leise.
Tony: Komm runter!
Maria: Das geht nicht! Wenn Bernardo...
Tony: Er ist beim Tanz! Nun komm schon.
Maria: Gleich bringt er Anita nach Hause.
Tony: Nur für eine Minute!
Maria: Eine Minute ist nicht genug!
Tony: Für eine Stunde!
Maria: Tony, bitte...
Tony: Für immer.
Maria: Pscht!
Tony: Dann komm ich rauf.
Maria: Nein, tu das nicht!
Tony: Aber warum denn nicht, Maria! Ich liebe dich doch! Ich liebe dich!
Maria: Das ist ja auch fürchterlich nett von dir, Tony, aber genaugenommen paßt mir das jetzt furchtbar schlecht. Ich muß morgen so früh raus. Ich jogge doch jetzt jeden Morgen mit Ellen im Park. Und dann muß ich mich auch um meine Diplomarbeit kümmern, meine Müsli-Kur schafft mich total und ... der Streß mit der neuen WG ... Und außerdem

bin ich im Moment zu keiner Beziehung fähig! Tonylein, das mußt du verstehen. Ich habe mich noch nicht von meiner letzten Trennung erholt. Und dann ist da noch mein neuer Freund … und das Kind … Du, laß uns nächste Woche ein Eis zusammen essen, ja? Tschüß!

Tony: (ergrimmt) Good night, good night, sleep well, and if you dream, dream of me – tonight.

Am Ende eines arbeitsreichen Jahres, ging die „Comedy Factory" im November 1996 auf Sendung. Im Laufe der ersten Staffel wurde es der neuen Serie trotzdem nicht gerade leicht gemacht. Die Sendeplatzpolitik artete in eine regelrechte Schnitzeljagd aus, und die frischgebackene Fangemeinde hatte ihre liebe Not, eingeschaltet zu bleiben.

Mit der zweiten Staffel der „Factory" erlebte auch der „Quatsch Comedy Club" unter der Leitung von Thomas Hermanns seine Premiere auf ProSieben. Für Presse, Konkurrenz und Publikum war das der Beginn einer Reihe von Verwechslungen dieser beiden zutiefst unterschiedlichen Formate.

Monty wurde nun häufig in Talkshows eingeladen. Er folgte auch dem Ruf aus der „peep"-Redaktion, deren Erotik-Sendung sich zum Quotenrenner hatte.

Von allen Seiten schlug mir tiefes Mitgefühl entgegen, denn die Talks mit Verona Feldbusch gelten nicht gerade als Spitzenleistungen im Königreich der niveauvollen Konversation. Über solche Bedenken trösteten mich schließlich zwei Millionen eingeschaltete Fernsehgeräte hinweg, außerdem hatte die Sache Spaß gemacht. Leider hatte die Moderatorin ein Problem mit meiner sexuellen Ausrichtung. Obwohl sie ein Dossier ausgehändigt bekam, das mit den Worten schloß: „Monty Arnold lebt in Hamburg und ist homosexuell", verkaufte sie mich fortwährend als hehren Helden himmlischer Hetären. Da das Saalpublikum mit mir gemeinsam darüber lachen konnte und mir die Anmerkung „Sie, ich bin schwul!" etwas zu unoriginell gewesen wäre, versuchte ich, mich mit Ironie durchzumogeln. Das gesendete Resultat – wie immer mit durchschnittlich 12 Schnitten pro Minute ausgestrahlt – machte diese Spitzfindigkeiten allerdings zunichte. Auch Frau Feldbuschs Begrüßung: ‚Hier kommt Arnold Monti' war entfernt worden, ebenso meine Antwort: ‚Hallo, Frau Buschfeld'."

„Kannst du auch Tierstimmen?“

„A Wonderful Strife"

Diese Geschichte aus dem Jahre 1986 wurde bei ihrer Uraufführung als „plumpe Hagenbuch-Parodie" verrissen. Ein enger Freund widerum deutete den Text als „Hilfeschrei". In den Zeiten der Diskussion um den „großen Lauschangriff" gibt er mir jetzt immerhin Gelegenheit, mich als großer Prophet aufzuspielen.

Weynand und das Magische Auge aus
„Die besonders frühen Jahre" (1987)

Weynand war ungemein verblüfft, als er erfuhr, daß es in seinem Lande Institutionen geben solle, denen es möglich und erlaubt sei, winzige Kameras in privateste Wände einzupflanzen, die ein breites, vollständiges Bild des Raumes optisch wie akustisch auffangen und dem interessierten Empfänger zusenden konnten, sommers wie winters, rund um die Uhr.

Arbeitskollege Kornhinz setzte ihn im Rahmen einer freundschaftlichen politischen Beschwatzung von diesem Phänomen in Kenntnis: „Die kommen in deine Wohnung, wenn du arbeiten gehst!" sagte er. „'ne halbe Stunde später ist die Wanze installiert, und die Kerle verschwinden wieder. Spurlos!"

Weynand war von diesem Tage an felsenfest davon überzeugt, daß sich auch in seiner Wohnung eine solche Anlage befinden müsse, war er doch der Polizei schon mehrfach durch allerlei Parksünden und die eine oder andere öffentliche Erregung aufgefallen. Im übrigen weigerte er sich seit nunmehr zwei Jahren beharrlich, den Haarkünstler aufzusuchen – sein Haupt stand in voller Blüte. Der Eindruck, in ihm einen Staatsfeind vor sich zu haben, war nicht ungerechtfertigt.

Aber sicher! Es gab garantiert ein solches Überwachungsgerät bei ihm. Aber, was tun? Wie sollte er es finden?

Weynand begnügte sich schließlich damit, erst einmal den ungefähren Standort der Wanze auszumachen. Er stellte sich an jede Wand

DAS KUCKUCKSEI
TEXT: MONTY ARNOLD
EICHNUNG: AXEL AHRENS
?
!
GREGOR! EIN ABSCHIEDSBRIEF VON UNSEREM SOHN! ER HAT SEINE DROHUNGEN WAHR GEMACHT!!!
SCHÄTZCHEN, DAS HIER IST DAS ENDSPIEL!
NUN HÖR DOCH MAL ZU, DU HERZLOSER LAUSEKERL!
EBE ELTERN, SEID MIR NICHT BÖSE,
ER DAS IST WIRKLICH KEIN LEBEN
R MICH! WENN UNSER MENSCH
UTE ZUM WICHSEN INS MAISFELD
HT, SPRINGE ICH ZU DEN BLATT-
USEN IN EINE WELT OHNE SEIFE
D JACUTIN, UM FORTAN ALS
GETARIER ZU LEBEN.
ER KLAUSI."
DABEI HABE ICH GELESEN, SEINE VERANLAGUNG SOLL HEILBAR SEIN. DAS HABEN AMERIKANISCHE FORSCHER DURCH TESTS MIT MILBEN BEWIESEN!
WOMIT HABE ICH NUR SO EINEN MISSRATENEN SOHN VERDIENT?
MEIN SOHN, EINE JÄMMERLICHE BLATTLAUS!
SUSIS SOHN IST EIN FLOH... WAS SAGST DU DAZU?

seiner Wohnung und versuchte von dort aus, den Raum zu überblicken. Mit dieser subtilen Strategie gelangte er zu der Überzeugung, die Wanze müsse sich wohl an der Ostwand seines Wohnzimmers befinden, denn dies sei der günstigste Platz im aufschlußreichsten Raum seiner Wohnung, pflegte er doch hier, allabendlich vor dem Zubettgehen, seine Monologe über den vergangenen Tag zu halten, was den Kollegen vom Verfassungsschutz ja unweigerlich bekannt sein mußte.

Er setzte sich nun der besagten Wand gegenüber und dachte nach, wie dem Übel wohl am besten beizukommen sei.

„Ich werde bei meinen Ausführungen natürlich in Zukunft etwas weniger Wert auf deutliche Aussprache legen", sagte er sich. „Schließlich können mich diese Düsterlinge ja auch hören."

Er überlegte weiter.

„Darüber hinaus werde ich die Fülle meiner mimischen und gestischen Kunststückchen bei solcherlei Gelegenheiten drastisch einschränken."

Nach einer Weile kam er zu dem Entschluß, seine Beobachter richtiggehend zu langweilen.

Jawohl!

Er wollte ihnen einfach fortan nichts mehr bieten, was sie beobachten konnten. Er wollte sich nur noch in jeder freien Minute vor die Ostwand seines Wohnzimmers setzen und die Wanze, wo sie nun auch genau befestigt sein mochte, mit einem bewegungslosen, stoischen Blick anöden.

Auf diese Weise mußten die Herren Spione ja irgendwann begreifen, welche Fehlinvestition diese Anlage darstellte.

Er begrüßte die Überwachungsvorrichtung mit freundlicher Kälte, wenn er nach Hause kam, und dann sagte er nichts mehr.

Weynand betrieb diese Taktik etwa drei Monate lang mit stetig wachsender Akribie und sichtlichem Vergnügen.

Er stellte sich vor, wie tödlich langweilig diese Angelegenheit für jene sein mußte, die ihn zu überwachen hatten.

Wäre doch gelacht, dachte er sich.

Mit der Zeit jedoch wurde sein Eifer von der Vermutung getrübt, die Wanze könnte ja längst entfernt worden sein.

Das war sogar anzunehmen, hatte er sich doch in den letzten Monaten strikt geweigert, ihrer Existenz einen Sinn zu geben. Genaugenommen hatte er sie sogar ihrer Funktion beraubt und damit ihre gnadenlose Demontage provoziert.

Ein beklemmendes Gefühl der Scham befiel ihn bei diesem Gedanken.

In vielen Theatern hat man den Eindruck, das Mikrofon sei eben erst erfunden worden. Monty bei einem Saarbrücker Gastspiel Mitte der 90er.

Noch nie hatte sich jemand auch nur annähernd so sehr für ihn interessiert, noch nie war er von seinen Mitmenschen auch nur bemerkt worden, wenn er sich nicht ausdrücklich dafür eingesetzt hatte.

Nun hatte es einmal jemand von allein getan, und er hatte derart schäbig darauf reagiert.

Und wenn es auch nur eine blöde Wanze gewesen war, es wurmte ihn aufrichtig.

„Sind Sie noch da?" rief er. „Tja, ich war ja wohl nicht besonders gesprächig in letzter Zeit – der Wetterumschwung, mein Blutdruck, wissense – macht ja auch nichts!

Ach, ich *muß* Ihnen was Tolles erzählen. Sie werden's nicht glauben, also mir ist da neulich eine Sache passiert...

Aber – ich könnte Ihnen natürlich auch was vorlesen?

Möchten Sie Tee?

Ich geh mir nur schnell was Hübsches anziehen – bleiben Sie dran!"

Leider brachte auch der neue Kurs keinen rechten Erfolg.

Selbst als er sich mit geblümter Krawatte etwas menschlicher gestaltet hatte, höhnte Weynand nur die Stille an.

Das war wirklich kein gutes Zeichen.

Und er suchte verzweifelt die Ostwand seines Wohnzimmers ab, aber er fand nichts.

Und ebenso ergebnislos verlief die Suche an allen anderen Wänden der Wohnung.

Damit war der Fall klar: die Wanze mußte wieder entfernt worden sein.

Und seitdem wartet Weynand auf eine neue Chance.

Into the Twilight Zone

Es ist eine seltsame Dimension, in der wir gefangen sind, eine Art Thrombose im Raum-Zeit-Kontinuum des germanischen Humors.

Was ist geschehen?

Jahrelang haben viele meiner Kollegen und ich uns fröhlich beim Fernsehen bedient – vor allem, wenn es um Buhmänner und -frauen ging, auf die wir unseren Hohn ausschütten können. Keine noch so sorgfältig placierte Kampagne, kein noch so nettes Löckchen auf der Stirn einer ansonsten peinlichen moderierenden Frauensperson stimmte uns milde – unsere Parodien waren schamlos, unsere Urteile bisweilen vernichtend.

Und in all den Jahren hat die Mattscheibe stillgehalten. Was an live produzierter Unterhaltung über den Äther ging, war „Kabarett", und wer etwas anderes wollte, der mußte sich in eine Spielstätte des Freien Theaters bemühen.

Anfang der 90er Jahre wurde es plötzlich brenzlich für alle Beteiligten. Das gepeinigte Medium rächte sich für die ewigen Bosheiten und löste den sogenannten „Comedy-Boom" aus. Mit der Verve eines Schwarmes lärmender Fliegen fielen flink zu Komikern umgecastete Models und Turnlehrerinnen über einen Vorrat von Funduskostümen her (Western, Mafia, Nonnen!) und bewiesen, daß man damit eine Menge Geld machen kann.

Nun änderte sich zweierlei:

1. gelang es dem Fernsehen nach und nach, die gesamte freie Szene zu seinem Casting-Apparat zu machen. Alles, was auf den zahlreichen Kleinkunstbühnen und in den Comedy-Clubs passiert, wird heute danach beurteilt, wie gut es auf dem Bildschirm funktionieren würde. Der Marktwert eines Musikers, Sprachjongleurs oder Schauspielers mißt sich offiziell viel eher an seiner TV-Präsenz als an seinen Fähigkeiten.

2. bangen die traditionellen Kabarettisten um ihr bisheriges Sprachwitz-Monopol. „Infantilisierung durch verspielte, bisweilen alberne Unsinnsspäße bis hin zur alkohol-fäkalisch-sexuellen Einfärbung" diagnostizierte ein zeitgenössisches Kabarett-Lexikon bei den neuen Kollegen. So giftig hatte man sich früher nicht einmal über politische Klassenfeinde geäußert.

Nachdem diesem Land seit Menschengedenken jegliche Fähigkeit zur Komik abgesprochen worden war – und das mit Vorliebe von den Bewohnern selbst –, war das ja auch mal eine schöne Abwechslung. Mittlerweile herrscht in der Unterhaltungsbranche eher eine Stimmung, die an den Untergang des Römischen Reiches erinnert. Das Publikum ist allmählich ebenso Witz-übersättigt wie die Unterhaltungsredakteure, alles und jeder will lustig sein. Kein Werbespot (wenn es sich nicht gerade um ein Produkt aus der Alten- und Krankenpflege handelt) kommt ohne so etwas wie eine Pointe aus – im Notfall muß es wenigstens eine Fistelstimme sein. Selbst das Mobbing ist nicht länger eine Domäne der Miesmuffel.

Und auch das öffentlich-rechtliche Fernsehen, das jeden Trend in der Regel um acht bis zehn Jahre verpennt, hat bereits mit der Androhung saukomischer Formate begonnen und nötigt seine eher bürgerlichen Show-Geheimwaffen dazu, sich Stand-Up-Videos anzusehen und ihren Stil danach auszurichten – mit dem Ergebnis allenfalls unfreiwilliger Komik.

Es ist nicht länger zu verheimlichen: Der Gipfel ist mehr als erklommen.

Aber man braucht nicht spöttisch oder pessimistisch zu sein, um zu sehen, daß hier etwas langsam zu Ende geht, was die Medienlandschaft verändert hat. Es ist alles ein bißchen wie vor etwa 15 Jahren, als die Neue Deutsche Welle durch die Schlagerlandschaft fegte. Sowas macht Spaß, sowas ist nötig, aber es kann natürlich nicht ewig dauern.

Nun hat jeder so seine eigene Vorstellung davon, wie es weitergehen könnte oder sollte. Man kann nie wissen, vielleicht wird die deutsche Comedy ja nun wieder etwas poetischer, dekadenter, musikalischer. Neben den großen Slapstick-Komödien des US-Kinos haben mich die alten MGM-Musicals mit Fred Astaire und Gene Kelly immer besonders inspiriert.

Bei näherem Hinsehen findet man da allerhand zum Lachen. Filme wie „Singin' In The Rain" oder „It's Always Fair Weather" zählen ohnehin nicht nur zu den Spitzenleistungen des Musicals sondern eben-

Monty Arnold bei einer Ausstattungsmoderation (Ende 1997)

Die drei Bs der Comedy: „Beherrschung, Balance und Bulimie“ – Das Pressefoto, das auch als Cover der Infomappe fungierte.

so zu den Meilensteinen der Filmkomödie. Und manchmal blitzt sogar so etwas wie eine satirische Wahrheit zwischen all dem farbenfrohen Blendwerk auf.

Meine Lieblingsoperette „Kismet“ (mit der umwerfenden Lachbombe Dolores Gray in einer der Hauptrollen) wartet mit einem ungewöhnlichen Finale auf.

Als das frischgebackene junge Paar davonzieht, singt der Vater der Braut die Zeilen „Princes Come, Princes Go“.

Nun gut, lustig ist das gerade nicht, aber es hat doch etwas ungeheuer Tröstendes.

Projekte

Die genannten Titel beziehen sich auf Bühnenprogramme, wenn nicht anders angegeben. Projekte für den Rundfunk, Galas und Werbespots sowie Gastauftritte in TV-Shows sind nicht einzeln aufgeführt.

1984

Monty Arnolds Kulturecho (Kurzprogramm u.a. mit fremden Texten)

1985

Monty Arnolds Kleines Nachtstudio
(Kurzprogramm u.a. mit fremden Texten)

1986

Auf zu anderen Ufern
Der Frühling danach

1987

Die besonders frühen Jahre
Red' nicht davon, wie toll du küßt… (Revue mit Kollegen)
Der Cabajazzo

1988

Allerley Satyrisches (Sampler)
Die Hölle unter Saarbrücken (Kabarett-Revue mit Kollegen)
All That Arnold (mit Jazz-Trio)
Premiere der bis heute laufenden
SR-Hörfunk-Reihe „Auf in den Keller"

1989

Solange es Männchen gibt

1990

Beginn der *NDR-Funkreihe* „Filmharmonische Konzerte" (bis 1994)
NDR-Feature über Alfred Hitchcock
Sir Ambrose jagt die Tote Ratte von Soho *(Live-Hörspiel)*

1991

Fernsehspiel „Rothenbaumchaussee"
Autor der *Comicproduktion* „Das Gespenst von St.Pauli"

Madame wünscht kein Aufsehen
Orpheus in der Einbauküche (Einpersonenstück)

1992
Alexis darf nicht sterben
Beginn der *TV-Reihe* „Quatsch Comedy Club“
auf premiere (bis 1994)

1993
All That Arnold II (Liederabend mit vorwiegend neuem Material)
Mauschelei auf der Bounty (Revue) mit Herrchen's Frauchen,
Dr. Bertie, Sybille Schroedter, Lutz v. Rosenberg-Lipinsky

1994
Der Rest ist für Sie
Mitwirkung im Film „Der bewegte Mann“

1995
Väter der Klamotte – Laurel-&-Hardy-Stummfilmprogramm mit Live-Musik
His Monster's Voice – Ein Liederabend mit Schock-Effekten
Beginn der *TV-Reihe* „Comedy Factory“ auf Pro7 (bis 1997)

1996
Autoren- und Sprechertätigkeit für die RTL2-TV-Reihe „Smile“
All That Arnold (neues Best Of zum 13jährigen)
Beginn der *TV-Reihe* „Quatsch Comedy Club“ auf Pro7
Mitwirkung im *Film* „Werner – das muß kesseln“

1997
Mitwirkung im Film „Das kleine Arschloch“

1998
Mitwirkung bei der *ZDF-Trickserie* „Max und Moritz“
Pointe kommt gleich
CD-Veröffentlichung
„All That Arnold“
(BMG/Zampano,
Katalognr. 74321 598792)

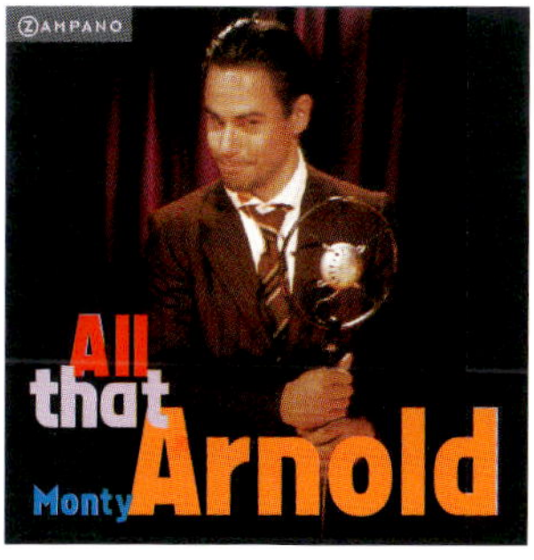

Ullstein Buchverlage GmbH & Co. KG,
Berlin
Taschenbuchnummer: 36207

Originalausgabe
Juli 1998

Umschlagentwurf:
Tandem Design, Hamburg
Foto:
Peter Müller

Printed in Germany 1998

Satz und Lithos: tiff.any GmbH, Berlin
Druck und Bindung: Clausen & Bosse, Leck

ISBN 3 548 36207 9

Bildnachweise:
Axel Ahrens: U2, U3, S. 50/51, 117.
Eckhard Bühler: S. 54
Constantin Film: S. 64/65.
Fuchs: S. 105.
Nik Konietzny: S. 93, 95, 100, 123, U4.
Peter Mrozeck: S. 56/57.
Peter Müller: S. 107, 115.
Roger Paulet: S. 17, 25, 31, 34, 45, 47, 119.
Friedemann Simon: S. 63.
Ullstein Bilderdienst: S. 89.
Victor Vahlefeld: S. 112.
Beate Weiswange: S. 124.

Gedruckt auf alterungsbeständigem
Papier mit chlorfrei gebleichtem Zellstoff